U0088432

機會
只會留給
勇於冒險的人

正面思考：64

機會只會留給勇於冒險的人

編　　著　洪廣誼
出 版 者　大拓文化事業有限公司
責任編輯　林美娟
美術編輯　王國卿

總 經 銷　永續圖書有限公司
劃撥帳號　18669219
地　　址　22103 新北市汐止區大同路三段一九十四號九樓之一
TEL　(〇二)八六四七—三六六三
FAX　(〇二)八六四七—三六六〇
E-mail　yungjiuh@ms45.hinet.net
網　址　www.foreverbooks.com.tw

CVS代理　美璟文化有限公司
TEL　(〇二)二七二三—九九六八
FAX　(〇二)二七二三—九六六八

法律顧問　方圓法律事務所　涂成樞律師

出 版 日◇二〇一七年二月

國家圖書館出版品預行編目資料

機會只會留給勇於冒險的人 / 洪廣誼編著.
-- 初版. -- 新北市 : 大拓文化, 民106.02
面 ;　公分. -- (正面思考 ; 64)
ISBN 978-986-411-048-3(平裝)
1. 自我實現　2. 生活指導
177.2　　105024570

第1章 誠信是人生的財庫

第2章

換個角度，就會找到出路

第3章 兼收並蓄，追求真善美

第4章 每天反思三分鐘

第5章 親愛的頭顱

誠信是人生的財庫

誠信取勝

凱瑟琳・格雷厄姆是一位具有猶太血統的女人，她出身名門，性格孤僻、軟弱，處事缺乏經驗，一直在家裡當家庭主婦。可是，一九六三年她的丈夫自殺身亡後，她不得不接替丈夫管理他們家族創辦的報紙——《華盛頓郵報》。

開始的時候，她沒有信心，不知怎麼做才好。後來一位朋友告訴她，應該每天閱讀自己報社辦的報紙，這樣可以增強自己的信心。她按朋友說的去做，每天清晨的第一件事就是閱讀自己報社辦的報紙。

幾天以後，她發現《華盛頓郵報》並不是一份最好的報紙，這份報紙有支持政府的傳統，經常有一些吹捧政府官員的報道。於是，她就找來一些在第一線工作的記者、編輯，徵求他們的意見。

報紙改進以後，成了一份誠實、公正的報紙，許多其他報紙不敢公開的事情，《華盛頓郵報》都敢報道，不久報紙的銷量大增。

一九七一年，《華盛頓郵報》的兩名記者發現：現任的美國總統尼克森在競選時，曾經使用不正當手段，使用竊聽器竊聽了對手的機密，這就是美國歷史上有名的「水門

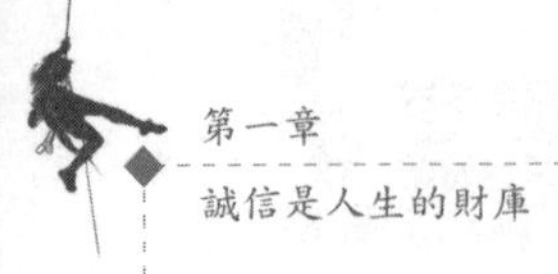

事件」。

這是現任政府的醜聞，如果揭露了這件事，說不定會被送進監獄，報紙也會被查封。可是凱瑟琳覺得，新聞應該以誠實為第一原則，既然有這樣的事情，就應該如實報道。不久，「水門事件」第一次在《華盛頓郵報》上被揭露。

當時尼克森正準備競選總統連任，他曾經警告凱瑟琳，如果他連任成功，將對《華盛頓郵報》進行報復。季辛吉也提醒凱瑟琳，如果不馬上停止對這件事的調查，將會有很大的風險。

可是凱瑟琳認為，正義一定會戰勝邪惡，誠實、公正的報道一定會得到人們的認可。於是，她頂住各方面的壓力，一面繼續調查「水門事件」，一面在《華盛頓郵報》上連續報道。

經過兩年的努力，「水門事件」終於真相大白，尼克森總統成了新聞媒體指責的對象。一九七四年八月九日，尼克森向全國發表廣播電視談話，宣佈辭去總統職務。

對「水門事件」的誠實報道，使《華盛頓郵報》頓時成為全世界知名的報紙，曾被列為全世界九大報紙之一，是誠實的新聞楷模。凱瑟琳從此成為華盛頓最有影響力的女人以及世界十大女傑之一。

學做人

保持誠信不是一件容易的事。生活的瑣細和繁雜，嚴格地考驗著我們能否誠實、自我控制、公正和坦誠。因其難能所以可貴，那些經受了考驗、沒有被玷污並且能保持誠實的人會得到人們的信任，他們將被賦予更重大的任務，也就有機會獲得更偉大的成就。他們的人格也成了人生的最大財富。

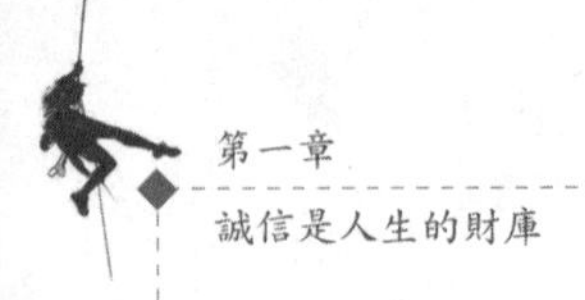

主動退還差額

日本著名的企業家吉田忠雄在回顧自己的創業成功經驗時說過，為人處世首先要講求誠實，以誠待人才會贏得別人的信任，離開這一點，一切都成了無根之花，無本之木。

在他創業的初期，曾經做過一家小電器商行的推銷員。開始的時候，他做得並不順利，業務一直都沒有什麼起色，但他不灰心，堅持地做著。

有一次，他好不容易推銷出一種剃鬍刀，半個月內和二十幾位顧客做成了生意。但是後來突然發現，他所推銷的剃鬍刀比別家店裡的同類型產品價格高，這使他深感不安。經過深思熟慮，他決定向這二十家客戶說明情況，並主動要求向各家客戶退還差額。

他這種以誠待人的做法深深感動了客戶，他們不但沒收價款差額，反而主動要求向吉田忠雄訂貨，並增購了許多新品項。這使得吉田忠雄的業績急劇上升，很快得到了公司的獎勵，為他後來自己創辦公司打下了良好的基礎。

人的智商有高低之分，能力有大小之別，這是客觀存在的事實。因此，社會或他人對此沒有苛求，但對誠實守信是有要求的，因為這是每個人都能做到的。人的一生，實際上是與環境鬥爭的一生。每個人都想創造良好的生存環境，在誠實信用的基礎上再利用自己的聰明才智，才是創造輝煌未來的根本。一個誠信的人，就是一個心地善良、心胸寬闊、心底坦蕩、能夠成就事業的人。

選擇誠實

在華盛頓舉辦的美國第四屆全國拼字大賽中，南卡羅來納州冠軍——十一歲的羅莎莉・艾略特一路過關，進入了決賽。

當她被問到如何拼「招認」『avowal』這個字時，她輕柔的南方口音，使得評審們難以判斷她說的第一個字母到底是A還是E。

評審們商議了幾分鐘，還將錄音帶倒帶重聽，仍然無法確定她的發音是A還是E。

解鈴還得繫鈴人。最後，主評約翰・洛伊德決定，將問題交給唯一知道答案的人。他和藹地問羅莎莉：「你的發音是A還是E？」

其實，羅莎莉根據觀眾的低聲議論，已經知道這個字的正確拼法應該是A，但她毫不遲疑地回答，她發音錯了，字母是E。

主審約翰・洛伊德又和藹地問羅莎莉：「你大概已經知道了正確的答案，只要說出來就可以獲得冠軍的榮譽，為什麼還說出了錯誤的發音？」

羅莎莉天真地回答說：「我願意做個誠實的孩子。」

當她從台上走下來時，幾乎所有的觀眾都為她的誠實而熱烈鼓掌。

第二天，報紙報導了這次比賽，題為：《在冠軍與誠實中選擇》。報導中寫道，羅莎莉雖沒贏得第四屆全國拼字大賽的冠軍，但她的誠實卻感染了所有的觀眾，贏得了所有觀眾的心。

學做人

年幼的羅莎莉給所有人做出了榜樣。我們之中很多人都在不同程度上具有不勞而獲的慾望，這種慾望引導人們不知不覺地放棄了誠信。並且，還能加深人的錯覺，讓人一如既往地做下去，對現實完全辨認不清，最終導致不良後果。所以，如果想獲得持久的成就，就必須確立並堅持誠信這一原則，在生命航船受到誘惑之風襲擊時，保持高尚的道德品質，不致偏離航向。

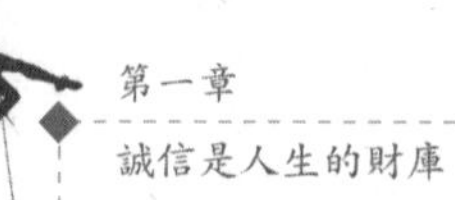

誠信讓人快樂

星期五的傍晚，一個貧窮的年輕藝人像往常一樣站在地鐵站門口，專心致志地拉著他的小提琴。琴聲優美動聽，雖然人們都急急忙忙地趕著回家過週末，還是有很多人情不自禁的放慢了腳步，時不時地在年輕藝人跟前的禮帽裡放一些錢。

第二天黃昏，年輕的藝人又像往常一樣準時來到地鐵門口，把他的禮帽摘下來很優雅地放在地上。和以往不同的是，他還從包裡拿出一張大紙，然後很認真地鋪在地上，四周還用自備的小石塊壓上。做完這一切以後，他調試好小提琴，又開始了演奏，聲音似乎比以前更動聽更悠揚。

不久，年輕的小提琴手周圍站滿了人，人們都被鋪在地上那張紙上的字吸引了，有的人還踮起腳尖看。上面寫著：「昨天傍晚，有一位喬治・桑先生錯將一份很重要的東西放在我的禮帽裡，請您速來認領。」

人們看了之後議論紛紛，都想知道是什麼樣的東西，有的人甚至還等在一邊想看個究竟。過了半小時左右，一位中年男人急急忙忙跑過來，撥開人群就衝到小提琴手面前，抓住他的肩膀語無倫次地說：「啊！是您呀，您真的來了，

我就知道您是個誠實的人，您一定會來的。」

年輕的小提琴手冷靜地問：「您是喬治・桑先生嗎？」

那人連忙點頭。小提琴手又問：「您遺落了什麼東西嗎？」

那個先生說：「彩券，彩券。」

小提琴手於是從懷裡掏出一張彩券，上面醒目地寫著喬治・桑，小提琴手舉著彩券問：「是這個嗎？」

喬治・桑迅速地點點頭，搶過彩券吻了一下，然後又抱著小提琴手在地上瘋狂地轉了兩圈。

原來事情是這樣的，喬治・桑是一家公司的小職員，他前些日子買了一張某銀行發行的彩券，昨天上午開獎，他中了五十萬美元的獎金。昨天下班，他心情很好，覺得音樂也特別美妙，於是就從錢包裡掏出五十美元，放在了禮帽裡，可是不小心把彩券也扔了進去。小提琴手是一名藝術學院的學生，本來打算去維也納進修，已經定好了機票，時間就在今天上午，可是他昨天整理東西時發現了這張價值五十萬美元的彩券，想到失主會來找，於是就退掉了機票，準時來到這裡。

後來，有人問小提琴手：「你當時那麼需要一筆學費，為了賺夠這筆學費，你不得不每天到地鐵站拉琴。為什麼不把那五十萬元的彩券留下呢？」

小提琴手說：「雖然我沒錢，但我活得很快樂；假如我沒了誠信，我一天也不會快樂。」

學做人

康德說過：「這個世界上只有兩樣東西能引起人內心深深的震動，一個是我們頭頂上燦爛的星空，一個是我們心中崇高的道德準則。」誠信是一種力量，它讓卑鄙僞劣者退縮，讓正直善良者強大，誠信無形，卻在潛移默化塑造無數有形之身，永不褪色，誠信以卓然挺立的風姿和獨樹一幟的道德高度贏得眾人的信任和愛戴。誠信作為一種傳統美德，是人們交際交往的「信用卡」，也是維繫人與人感情的「信譽鍊」。有了誠信，人與人交往才會充滿溫情。

代買啤酒的少年

早年，尼泊爾的喜馬拉雅山南麓很少有外國人涉足。後來，許多日本人開始到這裡觀光旅遊，據說這是源於一位少年的誠信。

一天·幾位日本攝影師請當地一位少年代買啤酒，這位少年為此跑了三個多小時。第二天，那個少年又自告奮勇地再替他們買啤酒。這次攝影師們給了他很多錢，但直到第三天下午那個少年還沒回來。於是，攝影師們議論紛紛，都認為那個少年把錢騙走了。

第三天夜裡，那個少年卻敲了攝影師的門。原來，他只購得四瓶啤酒，爾後，他又翻了一座山，過了一條河才購得另外六瓶，返回時摔壞了三瓶。他哭著拿著碎玻璃片，向攝影師交回零錢，在場的人無不動容。

這個故事使許多外國人深受感動。後來，到這兒的遊客就越來越多。

不欺騙，不隱瞞，才是正確的人生態度。遠離爾虞我詐，圓滑世故，多一份真誠的感情，多一點信任的目光，腳踏一方誠信的淨土，就可澆灌出人生最美麗的花朵，建築起人生最堅不可摧的銅牆鐵壁。

空出的房間

那是很多年前的一個暴風雨之夜。旅館服務生喬治・伯特正在櫃檯裡值班，有一對老夫婦走進大廳要求訂房。喬治・伯特告訴他們，這裡已經被參加會議的團體包下來了，而且附近的旅館也已經客滿。

當他看到老夫婦焦急無助的樣子時，又真誠地對他們說：「先生，太太，在這樣的夜晚，我實在不敢想像你們離開這裡卻又投宿無門的處境，如果你們不嫌棄的話，可以在我的休息間裡住一晚，那裡雖然不是豪華的套房，卻十分乾淨。」

這對老夫婦謙和有禮地接受了伯特的好意。

第二天，當這對老夫婦提出要付錢給伯特時，他卻堅決不收。他真誠地說：「我的房間是免費借給你們住的。昨天晚上我已經額外在這兒賺了鐘點費，房間的費用本來就包含在裡面了。」

老先生臨走時，溫和地告訴伯特說：「你這樣的員工是每一個老闆夢寐以求的人才，也許有一天，我會為你蓋一座旅館。」

當時伯特只以為這位老人在開玩笑，他笑了笑，並沒有

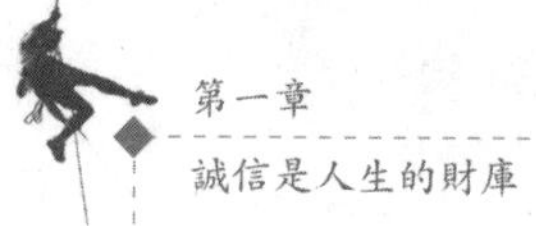

放在心上。

過了幾年，喬治·伯特依舊在那家旅館服務，仍舊當他的服務生。有一天，他忽然收到一封老先生的來信，邀請他到曼哈頓去，並附上了起程的機票。

他趕到曼哈頓後，來到第五大道和三十四街一棟豪華建築物前，見到了老先生。老先生看著驚訝的伯特，微笑著解釋說：「我的名字叫威廉·渥道夫·愛斯特。這就是我為你蓋的飯店，我認為你是管理這家飯店的最佳人選。」

於是，喬治·伯特成為這家飯店的第一任總經理，他不負厚望，在短短的幾年裡，將飯店管理得井井有條，馳名全美。

喬治·伯特以前只是一家旅館的普通服務生，他用誠信改善了自己一生的命運。

有人說，喬治·伯特是命運的寵兒，是機遇使他得到了幸運之神的垂青。然而更多的人認為，喬治·伯特的成功源於他良好的為人處世之道，因為一個擁有誠信和愛心的人，最終會得到善意的回報。

誠實的林肯

林肯競選總統，對選民講話時很注意誠實。他沒有錢，競選時沒有坐專車，而是跟普通乘客一樣買票坐車，每到一站，朋友們就為他準備好一輛耕田用的馬車。

他就站在馬車上向選民們演說：「有人寫信問我有多少財產，我有一位妻子和一個兒子，都是無價之寶。此外還租有一個辦公室，室內有桌子一張，椅子三把，牆腳還有大書架一個。架子上的書值得每個人一讀。我本人又窮又瘦，臉蛋很長，不會發福。我實在沒有什麼可依靠，唯一可依靠的就是你們！」

林肯這些話給人們留下了很深刻的印象，被稱為「誠實的林肯」。他之所以能當選並被美國人視為歷屆總統之首，甚至超過美國國父華盛頓，主要就是靠著他的誠實。

誠信是一枚凝重的砝碼，放上它，我們的生命天平就不會搖擺不定，生命指針將穩穩地指向一個方位，那裡，正是我們的理想。

我只要我的斧頭

有位樵夫在河邊砍柴，一不小心，斧頭掉到了深水裡。他丟了謀生的工具，無臉回家，於是坐在河邊嚎啕大哭，悲歎自己運氣很壞。

赫耳墨斯來了，問他因為什麼要哭。他把自己的不幸告訴了赫耳墨斯，赫耳墨斯就跳到河裡，第一次打撈出一把金斧頭，問他落到水中的是不是這一把。

樵夫搖搖頭：「不是。」赫耳墨斯再次下水，又撈上一把銀斧頭。

樵夫還是搖頭。赫耳墨斯第三次下水，這次撈上來的正是樵夫落水的那把舊的木斧頭。

樵夫大喜：「就是這把。」赫耳墨斯非常稱讚他的誠實，就把金斧頭和銀斧頭也送給他了。

這位樵夫在金斧銀斧面前，因為自己的誠信而失去了一些他很需要的東西。他家境貧寒，金子銀子不正是他迫切需要的嗎？但是他用自己的誠信獲得了神的信任，最終也給自己帶來了更大的財富。在我們的人生旅途中，我們也會由於誠實而暫時錯過一些東西，但是，從長遠的人生來看，這些都算不了什麼。因為我們需要的是建立信用，樹立真正誠實的名聲，讓我們被人信賴。而這些都是不能用金錢衡量的。

我知道你會來

一艘貨輪在煙波浩淼的大西洋上行駛。一個在船尾打雜的黑人小孩不慎掉進了波濤滾滾的大西洋。孩子大喊救命，無奈風大浪急，船上的人誰也沒有聽見，他眼睜睜地看著貨輪托著浪花越來越遠……

求生的本能使孩子在冷冰的水裡拚命地游，他用全身的力氣揮動著瘦小的雙臂，努力使頭伸出水面，睜大眼睛盯著輪船遠去的方向。

船越來越遠，船身越來越小，到後來，什麼都看不見了，只剩下一望無際的汪洋。孩子力氣也快用完了，實在游不動了，他覺得自己要沉下去了。

「放棄吧！」他對自己說。這時候，他想起了老船長那張慈祥的臉和友善的眼神。不，船長知道我掉進海裡後，一定會來救我的！想到這裡，孩子鼓足勇氣用生命中的最後力量又朝前游去……

船長終於發現那黑人孩子失蹤了，當他斷定孩子是掉進海裡後，下令返航回去找。這時，有人規勸道：「這麼長時間了，就算沒有被淹死，也被鯊魚吃了……」

船長猶豫了一下，還是決定回去找。

又有人說：「為一個黑奴孩子，值得嗎？」

船長大喝一聲：「住嘴！」

終於，在那孩子就要沉下去的最後一刻，船長趕到了，救起了孩子。

當孩子甦醒過來之後，跪在地上感謝船長的救命之恩時，船長扶起孩子問：「孩子，你怎麼能撐這麼長時間？」

孩子回答：「我知道你會來救我的，一定會的！」

「怎麼知道我一定會來救你的？」

「因為我知道您是那樣的人！」

聽到這裡，白髮蒼蒼的船長撲通一聲跪在黑人孩子面前，淚流滿面：「孩子，不是我救了你，而是你救了我啊！我為我在那一刻的猶豫而恥辱……」

一個人能被他人相信也是一種幸福。他人在絕望時想起你，相信你會給予拯救更是一種幸福。他人眼中的誠信，可以幫助我們救贖靈魂，這該是什麼樣的神奇力量啊！

拉爾夫・沃爾都・愛默生說：「人生最美麗的補償之一，就是人們真誠地幫助別人之後，同時也幫助了自己。」

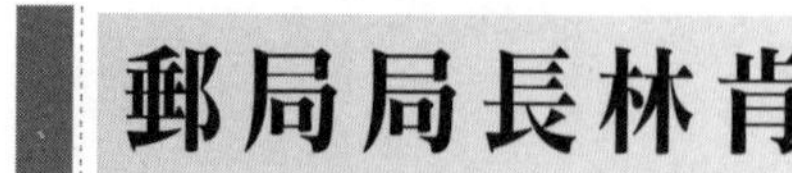

郵局局長林肯

林肯年輕時曾擔任過郵局局長。

一八三〇年林肯才二十一歲時，全家為了謀生，從印第安那遷到伊利諾斯的紐薩拉姆小鎮。初到時，林肯在一些小店裡打雜，不久鎮上的人，見林肯做事勤快，為人又忠厚老實，大家一致推薦他去新開設的郵局裡當局長。

說實在的，那時連郵票都還沒有問世，當時的「郵局」設備極其簡陋是可想而知的，連一張像樣的辦公桌都沒有。林肯只得用一雙補過補丁的破襪子當保險箱，帳本和錢都被放在破襪子裡。林肯名義上是這個紐薩拉姆鎮上的郵局局長，實際上只是個「光桿司令」。

由於這個郵局生意欠佳，開張才兩個多月後就關門了。林肯接到上級停辦的通知後，把帳目理得一清二楚，裝進了那雙破襪子裡並把它懸掛在屋角的房樑上，等待上級來交接。但豈料，由於這個單位太小不起眼，上面遲遲沒派人來結帳。這下可把林肯急壞了，他左等右等，日復一日，房樑上的錢袋早已蓋滿厚厚一層灰，還是不見上面派人來。

後來，大約過了一年多，林肯終於在大街上偶然碰到了郵局的總局長，連忙把他拉到郵局，將帳目和錢款一一交點清楚後，才如釋重負。紐薩拉姆鎮上的人把林肯如此盡職盡責的事傳開了，從此「誠實的郵局局長——林肯」就這樣出了名。

「誠信」是傳統道德文化的重要內容之一。「信」字是「人」從「言」。俗話說：聽其言觀其行。所言成真就是「誠」。「真實不欺」就是誠。古代思想家把「誠信」作為統治天下的主要手段之一。唐代魏徵把誠信說成是「國之大綱」，更顯「誠信」之重要。古今中外任何社會都把誠實與信用作為美德加以推崇，誠實守信的人總能優先贏得別人的讚賞或認可。誠實與信用是上天賦予一個人最好的禮物，擁有這兩種品德的人，無疑是天生的高貴者。

誠實是金

一個非常有名的教授被聘為波士頓大學傳播系主任。上課時他對學生講了一段非常精采的話，剛說完就下課了。

課後，一名學生找到校長說：「這段話我在一本雜誌上見過，教授沒有說明這段話的來源。」校長找教授核實，教授當即提出辭職。儘管當下並非刻意不說這段話的出處，而是因為鈴聲響了，來不及說。

最後在其他老師的挽留之下，學校免去了這位教授的系主任職務。第二天一上課，這位教授做的第一件事就是向學生們道歉。

誠實是我們做人的基本準則，是前進道路上的通行證。我們所做的每一件事都要用誠實與正直做基礎。否則，我們的心靈將永遠不會安寧，也不會享受到自我肯定的喜悅。

信任

有一個犯人在外出修路的過程中撿到了一千元，他不假思索地交給獄警。可是，獄警卻輕蔑地對他說：你別來這一套，用自己的錢換個花樣來賄賂我，以為這樣就可以換好處，你們這些人就是不老實。犯人萬念俱灰，心想這世界上再也不會有人相信他了。當晚，他越獄了。

在亡命的途中，他大肆劫掠錢財，準備外逃。在搶得足夠的錢財後，他乘上開往邊境的火車。火車上很擠，他只好站在廁所旁。這時，有一位十分漂亮的姑娘走進廁所，關門時卻發現門壞了。她走出來，輕聲對他說：「先生，你能為我拉一下門嗎？」

他一愣，看著姑娘純潔無邪的眼神，他點點頭。姑娘紅著臉進了廁所。而他就像一個忠誠的衛士一樣，嚴格地把守著門。

在這一剎那間，他突然改變了主意。到了下一站，他下車了，向車站派出所投案自首。

信任是一種彌足金貴的東西，沒有人能夠用金錢買得信任，也沒有人可用利誘或武力爭取到信任，它來自於一個人的靈魂深處，是活在靈魂裡的清泉，它可以拯救靈魂，滋養靈魂，讓心靈充滿純潔和自信。

把周圍的人視為好人

大烏龜和小烏龜在一起喝可樂。大烏龜喝完自己的一份後，就對小烏龜說：「你去外面幫我拿一下可樂。」

小烏龜剛走幾步，就不走了，回頭說：「你肯定是把我支開之後，要把我的可樂喝掉！」

「這怎麼可能？你是在幫助我啊！」

經大烏龜一再保證，小烏龜同意了。

一個小時過去了，大烏龜耐心等待著……

兩個小時過去了，小烏龜還沒有回來……

三個小時過去了，小烏龜仍然未見蹤影。

大烏龜想：「小烏龜肯定不會回來了。牠一個人在外面喝可樂，怎麼會回來呢？我乾脆把牠這一份喝了！」

大烏龜拿起可樂，剛要喝，門砰然而開。

「住手！」小烏龜就像從天而降，站在大烏龜面前，氣沖沖地說：「我早就知道，你要喝我的可樂！」

「你怎麼會知道呢？」大烏龜尷尬而不解地問。

「哼！」小烏龜氣憤地說，「我在門外已經站了三個小時了！」

值得信賴是獲得信任的前提。把周圍的人視為好人，信任他們，將他們當成能幹和有責任感的人，他們會把最好的一面表現出來。

打死我也不說

羅斯福當海軍助理部長時，有一天一位好友來訪。談話間朋友問及海軍在加勒比海某島建立基地的事。

「我只要你告訴我，」他的朋友說，「有關基地的傳聞是否確有其事。」

這位朋友要打聽的事在當時是不便公開的，但既是好朋友相求，那如何拒絕是好呢？

只見羅斯福望了望四周，然後壓低嗓子向朋友問道：「你能保密嗎？」

「能。」好友急切地回答。

「那麼，」羅斯福微笑著說，「我也能。」

任何時候都不能指望別人就某事守口如瓶，你可以對好朋友說，他也會同樣地對他的好朋友說，唯一的解決辦法就是「打死我也不說」。

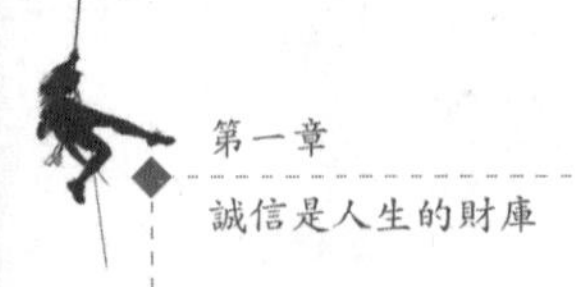

做一個誠實的永爭第一的人

一位來自監獄的犯人在信中這樣寫道：

小時候，有一天媽媽拿來幾個蘋果，紅紅的，大小各不相同。小男孩一眼就看見其中一個又紅又大，非常想要。

這時，媽媽把蘋果放在桌上，問他和弟弟：「你們想要哪個？」

男孩正想說想要最大最紅的一個，卻被弟弟搶先說了。

媽媽聽了，瞪了弟弟一眼：「好孩子要學會把好東西讓給別人，不能總想著自己。」

於是，男孩靈機一動，改口說：「媽媽，我想要那個最小的，把大的留給弟弟吧。」

媽媽聽了，非常高興，在小男孩的臉上親了一下，並把那個又紅又大的蘋果給了他。

他得到了自己想要的東西，從此之後便學會了說謊，然後，他又學會了打架、偷、搶。為了得到想要得到的東西，他不擇手段。長大的男孩終於被送進監獄。

這是來自另一個家庭的故事。

小時候，有一天媽媽拿來幾個蘋果，紅紅的，大小各不相同。小男孩和弟弟們都爭著要大的，媽媽把那個最大最紅的蘋果舉在手中，對孩子們說：「這個蘋果最大最紅最好吃，誰都想要得到它。很好，現在，讓我們來做個比賽，我把門前的草坪分成三塊，你們三人一人負責修剪一塊，誰做得最快最好，誰就有權得到它！」

孩子們開始比賽除草，結果，小男孩贏了那個最大的蘋果。

後來，這個男孩成了當地政府機構裡的重要官員。

推動搖籃的手，就是推動世界的手。母親是孩子的第一任教師，你可以教他說第一句謊話，也可以教他做一個永遠誠實努力爭第一的人。

守信和聰明

一個商人臨死前告誡自己的兒子：「你要想在生意上成功，一定要記住兩點：守信和聰明。」

「那麼什麼叫守信呢？」焦急的兒子問道。

「如果你與別人簽訂了一份合同，簽字之後才發現你將因為這份合同而傾家蕩產，但你還是得照約履行。」

「那麼什麼叫聰明呢？」

「不要簽訂這份合同！」

這位商人所說的道理不僅只在商業領域適用。既然已經許下諾言，那麼不管是什麼樣的事情，都不能反悔，必須履行諾言而不能失信。

但是怎樣才能做到不失信於人呢？不要簽訂這份合同！

這是精明的商人留給兒子的第二份遺產。雖說為人要言而有信，然而卻並不是毫無原則的事事都答應。

猜忌是信任的大敵

從前有雌雄兩隻鴿子，住在同一個巢裡，秋天果子熟的時候，牠們撿拾來的果子把巢裝得滿滿的。過了一段時間，果子逐漸乾癟，只剩半巢。

雄鴿以為是雌鴿偷吃的，就責備雌鴿：「我們弄來這些果子很辛苦，你幹嘛獨自吃了？你看，現在只剩下一半了！」

雌鴿回答說：「我一向不獨自食果。果子是自己減少的。」

雄鴿不信，十分生氣，說道：「如果不是你獨自吃了，怎麼會減少？」便用嘴啄死了雌鴿。

沒隔幾天，天下大雨，果子吸收了潮氣，又恢復了原樣，滿滿的一巢。雄鴿這時後悔了：「牠確實沒有吃果子，我錯把牠殺了！」

於是雄鴿傷心地叫喚起來，可是於事無補，雌鴿不會死而復生了！

猜忌是信任的大敵。單憑主觀武斷的猜測無法確認真相，只有信賴別人，別人才會信賴你。對事客觀一些，理智一些，對人信任一些，生命將是另外的風景。

撒謊的猴子

滿嘴花白鬍子的山羊老爺爺正在悠閒地散步，路上遇到了呆坐在枝頭上的猴子。

猴子熱情地打招呼說：「山羊老爺爺，你上哪兒去？」

「哦，隨便遛遛，你也下來陪我逛一圈吧！」

猴子從樹上下來，跟山羊老爺爺一直走到熱氣騰騰的溫泉池邊停下來。

山羊老爺爺故意指著水問猴子說：「這是什麼地方？」

猴子說：「這是我們祖先的浴池，誰到那裡梳洗沐浴，出來時都會返老還童。」

山羊老爺爺聽了生氣地說：「猢猻，你別騙人！我一大把鬍子都花白了，還會上你這個乳臭未乾的小子的當嗎？」說完就用角把猴子猛地撞了一下。猴子沒提防，一下子就跌到滾燙的池子裡，把半個屁股都燙得紅腫起來。

撒謊最大的危害在於：為了一次的撒謊，你要不停地撒下去，才能圓你的謊言——於是便養成了撒謊的習慣——千萬不能撒謊騙人，欺騙別人就是欺騙你自己。

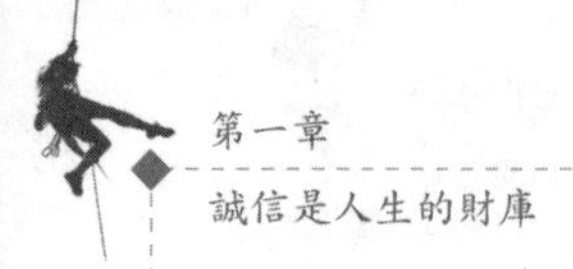

誓言本來沒有意義

一個獵人有個愛立誓言的習慣。一天他去打獵的時候，便立下誓言：今天只打野兔。然而，這天他遇到的全是山雞。於是他便空手而歸。晚上，躺在床上十分後悔，發誓明天一定只打山雞。

第二天他便按照誓言去打獵。然而，這天他遇到的全是狐狸。於是，又發誓明天只打狐狸。

第三天，他又按照誓言去打獵。而這天他遇到的全是野豬。於是晚上又空手而歸。

……

後來，這個獵人因為自己的誓言而餓死了。

誓言本身是為了達到某一目標而設立的遠景，如果誓言成了達成目標的桎梏，那麼，這個誓言也就失去了原本的意義。

請客的午餐

這天，狐狸請仙鶴吃飯，可是他卻很吝嗇，端出一隻平底的小盤子，盤子裡只盛了一點點肉湯，他還連聲說：「仙鶴大姐，別客氣，請吃吧，吃吧！」

仙鶴一看，非常生氣，因為她的嘴巴又尖又長，盤子裡的肉湯一點也沒喝到。可是狐狸只要張開他那又闊又大的嘴巴。呼嚕呼嚕沒幾下，就把湯喝光了，還假惺惺地問仙鶴：「您吃飽了吧！我燒的湯，不知合不合您的口味？」

仙鶴對狐狸笑笑：「謝謝您的午餐，明天請到我們家吃飯吧！」

狐狸正等著這句話呢，連忙說：「好的，明天中午我一定去，一定去。」

狐狸為了在仙鶴家能多吃一點，這天連晚飯都沒吃，第二天早飯也沒吃，餓著肚皮，早早來到仙鶴家等著吃午飯。

狐狸一進仙鶴家門就聞到一股香味。他仔細嗅了嗅：「嗯，一定是在煮鮮魚！心理不由暗暗高興。狐狸坐到飯桌前，不一會兒，仙鶴端出一隻長頸瓶子放到狐狸面前，指著瓶子裡的魚和鮮湯說：「狐狸先生，請吃吧，別客氣！」

狐狸望著那麼一點大的瓶口，他的闊嘴巴卻怎麼也伸不進去。聞著香味，肚子餓得咕咕叫，饞得直流口水。狐狸什麼也吃不到，只能看著仙鶴又尖又長的嘴巴伸進瓶子裡，把魚吃了，湯喝光，還挺客氣地勸狐狸：「吃吧，放開吃！」

最後狐狸低著腦袋，餓著肚皮回家了。

朋友之間的真誠和信賴都是相互的，你對別人敞開心扉，別人也會信賴你。沒有誰會願意活在欺騙與虛假中。大方坦誠些吧，真誠面對的你會得到意想不到的收穫。

別繼續當個自暴自棄的傻瓜

吉姆從小就不是一個乖孩子，偷東西、打架樣樣都來，久而久之，他的人生離正途越來越遠。

剛開始時，吉姆一點都不會感到內疚，但是隨著犯罪的次數越來越多、越來越頻繁，他累積的內疚感也越來越深。終於，這種掙扎的情緒讓他在一次持槍搶劫的行動中失手，被抓進了監獄。

吉姆在監獄裡，下定決心要重新做人。所以從監獄獲釋後，吉姆結了婚，搬到加州，並且開了一家從事電子產品諮詢的公司。

可是好景不常，有天，一個陌生人來找吉姆，要吉姆用電子裝置協助自己犯罪。龐大的利潤吸引了吉姆，就這樣，他又開始了犯罪生涯。

吉姆變得很富有，錢似乎多得花不完，而這個情況也讓他的妻子開始產生懷疑。妻子想知道這些錢的來源，但是吉姆不肯說，兩人因此大吵了一架，於是吉姆煩悶地走出家門，在街上無意識地到處遊蕩。

走著走著，吉姆不知不覺地走到公園。他看到公園裡有很多人聚集，一時好奇，便跟著擠進人群中。原來是牧師

在佈道，才聽了不久，吉姆便感到十分煩躁不安，因為他覺得牧師似乎是在跟他講話。

聽完了牧師的講道之後，吉姆決定向警方自首。

現在的吉姆，經常在全國各地進行演說，將自己的經歷說給每一個人聽，特別是他決心自首那天的情況。每次說到這裡，他都會這麼形容：「我找到了回頭的勇氣。」

決心和意志力可以改變一個人，這是大家都明白的道理，但卻不是每個人都可以做到的事情。尤其是遇到失敗或挫折的時候，怨天尤人的人，永遠比重新再來的人還要多得多。

回頭需要無比的勇氣，也許我們無法在第一時間回頭，但是只要願意，重新出發是永遠都不嫌晚的。只要肯下定決心，美好的人生仍然會在你前進的路上等著你！記住，千萬別繼續當個自暴自棄的傻瓜。

從錯誤中迅速進步

王先生在公司裡已經是很資深的員工了，可是，他的職位卻一直沒有往上升。雖然他已經待了二十多年，對公司的一切事務也都很瞭解，但依然只是個基層職員而已，對於這個情形，王先生也不知道到底是為什麼。

這一天，眼看一個進公司還不到一年的新人被升為主任，王先生再也忍受不了了，於是，他決定前去找老闆理論，問清楚到底為什麼一直不讓他升級。

王先生開門見山地對老闆說：「我在這家公司已經做了二十年，比你提拔的新人還多了二十年的經驗，為什麼你寧願升他也不要升我？」

老闆聽完王先生的抱怨，心平氣和地回答道：「你說錯了，其實你只有一年的經驗而已。」

王先生覺得很驚訝，反問老闆：「為什麼我只有一年的經驗？」

老闆回答：「因為你沒有從自己的錯誤中學到任何教訓！你到現在都還在犯你第一年剛進公司時會犯的錯。」

同樣的錯誤，犯第一次時可以原諒，第二次可以當作是不小心，犯第三次就代表你根本不用心！

犯錯是為了求進步，所以你可以犯許多不同的錯，然後從不同的錯誤中學到不同的經驗和教訓。如此，從錯誤中反而可以學習正面的結果。

如果，你只是一直重複同樣的錯誤，不只得出的結果是負面，連自己在別人眼中的形象也會成為負面。

跌倒，別忘了立刻爬起來

安東尼十四歲的時候來到美國，因為他從七歲起就跟著裁縫師學裁縫，所以到了美國之後，很順利地就在一家裁縫店中找到了工作。

到了十八歲時，安東尼決定要成立一家屬於自己的店。於是，他和弟弟及其他合夥人共同買下了一間禮服店，他信心十足地把所有的積蓄都投資在這裡。但是，接下來發生的許多事情，卻不斷地考驗著安東尼開店的決心。

先是在即將開業的前一天晚上，被小偷偷走了將近八萬美元的存貨；接下來他再度進的貨，又在一場意外大火中付之一炬。後來，他才發現保險經紀人欺騙他，根本沒有把他支付的保險費支票交給保險公司，所以這場火災等於沒有保險。更慘的是，可以證明公司存貨內容和價值的一位重要證人，卻正好在這個時候去世了。

接二連三的打擊實在讓安東尼受夠了，他決定到別的裁縫店工作。但是，過了沒多久，他渴望擁有自己事業的慾望又開始蠢蠢欲動了起來。

於是，他再度鼓起勇氣，開了一家裁縫兼禮服出租店。這一次，他決定多採納別人的意見，但在大方向上他依然

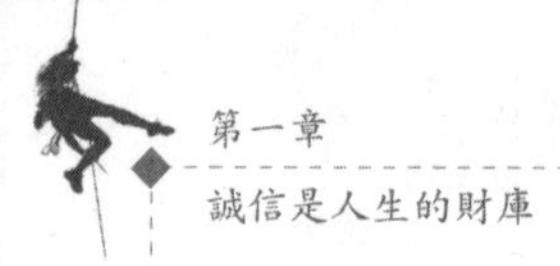

堅持自己做決定。因為，他始終相信：如果因此跌倒了，是他讓自己跌倒的，如果他站了起來，那也是靠自己站起來的。

因為安東尼堅持著這個信念，所以不久之後，他的「法蘭克禮服出租店」終於成為底特律的知名店舖。

因為害怕跌倒，所以很多人不敢騎腳踏車、不敢溜冰、不敢玩直排輪……，因為害怕，所以喪失了許多樂趣。

在人生中也是如此，大部分人因為不想嘗到失敗的滋味，所以一輩子怯怯懦懦，不敢輕易嘗試新事物、新方法，還因此沾沾自喜，殊不知這才是最大的失敗！

跌倒的目的，就是為了讓你在爬起來的時候，能看到更美好的東西！

所以，我們何必害怕跌倒？

應該怕的，是連嘗試都不敢嘗試，便在恐懼中失去機會，因為，失去了嘗試的勇氣，也就等於自願放棄了成功的機會。

患得患失，最容易悵然若失

漢朝時，黃霸與令狐子伯是同鄉好友，當令狐子伯擔任楚國丞相時，黃霸還只是個地方小官。

有一天，令狐子伯不知道為了什麼事，派了兒子送一封信給黃霸。等這個貴客走後，黃霸竟然癱在椅子上，久久不想起來。他的妻子覺得很奇怪，就問他說：「到底怎麼一回事？」

黃霸說：「我剛才看見令狐子伯的兒子容光煥發，舉止泱泱大方，而我卻是蓬頭垢面，簡直像個糟老頭。看到別人的發達，想到自己的沒出息，我自己落魄沒關係，但想到沒能帶給自己的兒女同樣光鮮的生活，卻有一種深深的愧疚感！」

黃霸的妻子聽到後有些生氣，馬上不以為然地說：「注重清廉節操，淡泊功名利祿，是你過去的人生堅持。現在令狐子伯看起來發達顯貴，那是個人的人生抉擇不同，哪有必要拿來相比？你又何必忘記自己原來的志向，而為子女們感到羞愧呢？」黃霸被妻子點醒後，當下對妻子的深明大義感到敬佩。

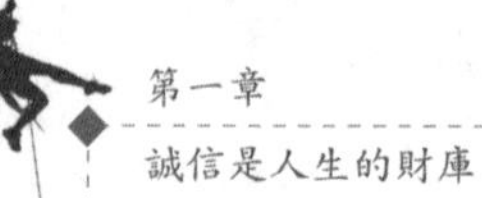

以這則故事來看，黃霸的妻子是「心有定見」型的人。這種人一經立定志向，便貧賤不能移，這樣堅定的意志與情操，即使沒有顯赫的人生成就，也容易得到尊崇與肯定。

反觀，黃霸則顯得患得患失、意志不堅，雖然是個「負責任的男人」，但心腸太軟，則很容易變成「四不像」。

事實上，人生的很多悲劇，都是因為性格的「四不像」而造成。

以今日之我，否定過去之我。如果是少小不努力，老大徒傷悲，焦點放在檢討自己的努力程度，那是一種不服輸的無奈；如果是對原來志向的動搖，那問題就複雜了，實在大可不必。

患得患失，就容易悵然若失，更容易讓自己陷入左右不是人的無底洞。

人生無法重來，該學習的是，如何審慎抉擇，忠於抉擇，而且又能耐得起挫折。不是嗎？

換個角度，就會找到出路

只重視結果，會帶來更壞的後果

漢朝年間，當衛青揮軍北伐匈奴的時候，前鋒蘇建、趙信兩人，奉令率領三千騎兵深入敵境，單獨與單于遭遇。雙方大戰下來，結果漢兵傷亡殆盡，趙信選擇投降匈奴，蘇建則隻身逃回衛青營部。

這時，幕僚周霸說：「自從大將軍出師以來，從未殺過任何一位有過失的部將。但現在蘇建全軍覆沒，卻獨自活命回來，實在有損軍威，將軍應該將他斬首示眾，藉以建立威信。」

但另一安姓幕僚，則不以為然地說：「蘇建等人僅以三千士兵，抵擋匈奴數萬兵馬，力戰而敗，可是並沒有投降的貳心。現在他搏命回來，卻反而要被殺，實在沒道理，也不公平。」

「如果殺了他，等於是告訴全體官兵，除非每戰必勝，否則，如果沒有戰死，回來一樣是死路一條。這豈不是間接鼓勵官兵，倘若戰事不利，就只有投降敵人一途？這在

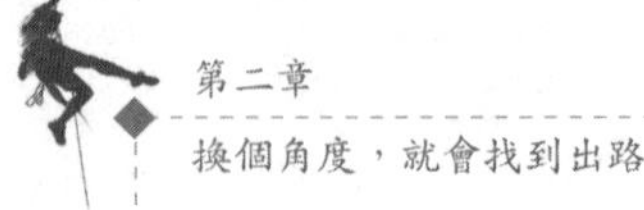

軍機危急的時候，對官兵的心理，將有不良的影響，不可不慎！」

衛青本人比較認同安姓幕僚的看法，他說道：「我衛青帶兵一向帶心，不怕沒有威信，也不必靠殺人來立威。」

「同時，我向來不恃寵而驕，雖然領軍在外，也不隨意擅用生殺之權。有關蘇建的功過，還是交由朝廷去定奪吧！」

於是，衛青將蘇建送交朝廷議處，後來朝廷也未將蘇建處死。

失敗了，當然有責任，但責任的追究，應當合理。

要苛責人，很容易，但要就事論事，卻很困難。

大凡很多事務的進行、完成，都有其多面性與複雜性，所謂的「成敗」若僅以「結果」來簡單評量，似乎對那些在事務進行中默默付出，解決看不見的、繁瑣的，或者是任何「聰明人」不屑去做的難題的人，相當不公平，也很可惜！

所以說，面對失敗的人，追究責任當然是理所當然，嚴厲處分也未嘗不可，但輕忽過程，一味苛責，恐怕只會帶來更壞的結果。事實上，所謂「敗戰處理」，並不是快快讓「落水狗」得到嚴厲處分就好，這可是一門嚴肅的學問呢！

面對羞辱，必須充滿鬥志

日本著名的汽車推銷大王奧城良治從學校畢業後，興致勃勃地踏入汽車推銷行業，誰知道整天在外奔波了幾個月，竟然毫無業績可言，拜訪客戶的時候不是吃閉門羹，就是好不容易登門拜訪，費盡唇舌鼓吹後，客戶仍舊興趣寥寥。

眼看著其他推銷員業績蒸蒸日上，自己卻屢屢遭受無情打擊，使得他逐漸心灰意冷，心裡開始打退堂鼓。最後，他決定給自己一個期限，如果到了最後期限，業績還是不能有所突破的話，就毅然離開汽車推銷行業另謀生路。

然而，在這段期間內，他仍然沒有獲得半張訂單。好不容易熬到了期限的最後一天，他吃了幾次閉門羹後，滿臉疲憊地走過郊區的一處農田，準備回公司後就提出辭呈。走著走著，他突然感到尿急，於是就走到田埂旁準備就地解決。

就在這時，他看見田埂旁邊恰巧蹲著一隻青蛙，當下決定將自己幾個月來所受的滿腹怨氣宣洩在牠身上。

於是，他故意朝著青蛙的頭上尿尿。原本以為這隻青蛙被自己的尿液亂灑一通，會因此而驚惶地跳走，沒想到青蛙不但沒有跳走，還若無其事地張著眼睛，簡直像在享受大自然的沐浴一樣。

青蛙無視羞辱怡然自得的表現，給了奧城良治莫大的啟示，讓他領悟了想要推銷成功，就必須要有「把壞人變貴人」的精神，心中不禁又燃起了旺盛的鬥志。

奧城良治若有所思地對自己說：「如果我是顧客的話，那青蛙就猶如推銷員，那些澆淋在牠頭上的尿液就代表著客戶的種種拒絕和羞辱。想要在推銷行業出人頭地，就必須效法這隻青蛙，不論顧客多麼無禮，遭遇多麼難堪的拒絕、多麼惡毒的羞辱，我都要像青蛙一樣逆來順受，而且要把牠當作對自己的磨練。」

這隻青蛙改變了奧城良治的命運，他把這番心得稱為「青蛙法則」，並且奉行不渝。在虛心檢討自己在推銷過程可能的缺失後，他放下害怕遭到拒絕、羞辱的心理，勇敢面對各式各樣客戶的批評謾罵，終於在遭受一千八百次拒絕後，獲得了第一份訂單。

從此之後，他的業績漸入佳境，第一年每個月平均賣出八部車，到了第二年平均每個月能賣出十五部車，到了第五年，每個月平均賣出的車子數量竟然高達三十部！從第五年開始，奧城良治連續蟬聯十六年汽車銷售冠軍，成為全日本汽車界最負盛名的推銷之王。

學做人

人生的道路崎嶇坎坷，也充滿了小人和壞人，因而不管做人或是做事，每個人都免不了會遭遇失敗和挫折。

當你遭到挫折和失敗的時候，別只顧著抱怨造化弄人、命運不公，也別急於放棄自己原先的理想和抱負，應該先檢討自己做人做事的方式對不對，是否犯下自以為是的錯誤。

即使深刻檢討之後，錯誤是在別人，也不妨先耐著性子委屈一下自己，把種種失敗挫折當成邁向成功的必經過程。因為，惟有將各式各樣的挫折、打擊和失敗，視為澆灌自己成長茁壯的養分，才能變成一株比別人更高更壯的大樹。

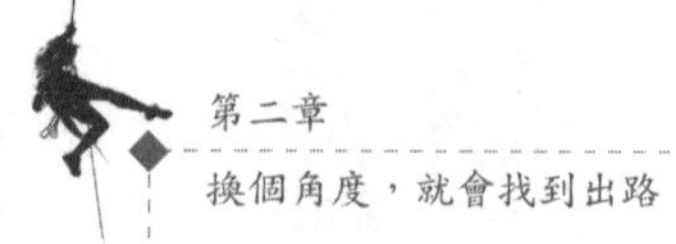

與其唉聲歎氣，不如再接再厲

你知道拿破侖在滑鐵盧一役是被誰所打敗的嗎？答案是英國的威靈頓將軍。

這位打敗英雄的英雄並不只是幸運而已，他也曾嘗過打敗仗的滋味，並且多次被拿破侖的軍隊打得落花流水。

最落魄的一次，威靈頓將軍幾乎全軍覆沒，只好落荒而逃，逼不得已藏身在破舊的柴房裡。在飢寒交迫中，他想起自己的部隊被拿破侖打得傷亡慘重，這樣還有什麼面目回去見江東父老呢？萬念俱灰之下，只想一死了之。

正當他心灰意冷的時候，突然看見牆角有一隻正在結網的蜘蛛，一陣風吹來，網立刻被吹破了，但是蜘蛛並沒有就此罷休，牠再接再厲，努力吐絲，立刻開始重新織網。

好不容易又快要結成時，一陣大風吹來，網又散開了，蜘蛛毫不氣餒，轉移陣地又開始編織牠的網。

像是要和風比賽一般，蜘蛛始終沒有放棄，風越大，牠就織得越勤奮，等到第八次把網織好以後，風終於完全停止了。

威靈頓將軍看到了這一幕，不禁有感而發，小小的一隻蜘蛛都有勇氣對抗大自然這個強大的勁敵，何況自己是一個堂堂的將軍，更應該要奮戰到底，怎能因為一時的失敗而喪失鬥志呢？

於是，威靈頓將軍接受失敗的事實，並且重振旗鼓，苦心奮鬥了七年之久，總算在滑鐵盧之役一舉打敗拿破侖，一雪當年的恥辱。

或許可以這麼說，打敗拿破侖的不是威靈頓，而是那隻不屈不撓的蜘蛛，以及牠堅持到底的勇氣。

蜘蛛結了八次網才完成，威靈頓屢遭失敗後才打倒拿破侖。說明無論大事小事，不管簡單困難，其實都必須有絕對的決心毅力才能做到。

哲人波魯塔克曾說：「衡量一個人的傑出與否，取決於他是否經得起考驗和挫折。」

既然如此，那麼，你又何必為了一時的失敗或不如意，坐在那裡唉聲歎氣呢？趕快把讓你遭受失敗的「壞人」當成貴人，化失敗為成功的動力，徹底擊潰對手吧！

「敢做」，比「會做」更重要

理查・科布登是一個農夫的兒子，在年紀很小的時候就被送到倫敦，在一個倉庫裡受雇為童工。

理查從小就是個勤奮上進的孩子，並且渴望能夠吸收更多的知識，可惜，他的僱主是個非常保守專制的人，鄙夷地認為工人就是工人，根本不需要讀太多書，所以理查只能偷偷摸摸地自修學習，將從書本中獲得的知識默默藏在心裡。

不過，他的學識所帶來的價值，很快地便展現在他的工作中，使他從一個倉庫管理員，成為旅行全國的推銷員；理查更從中建立起屬於自己的人脈，並且為日後的獨立奠定基礎。

等到存夠錢之後，理查便開始了他的經商生涯。經過許多年的奮鬥之後，成功的理查，因為自己當年想讀書卻沒有書讀的遭遇，決定致力於大眾教育。

為了宣傳他的理念，理查必須到處巡迴演講。然而，他沒有這方面的經驗和訓練，所以，他首次在公眾面前發表的演講可說是慘不忍睹。但是，理查並不氣餒，靠著毅力和不斷地練習，終於成為最具說服力的演講者之一。

後來，理查還被評為：「他是將個人才能和努力發揮得淋漓盡致的最佳典範，也是出身社會最底層的窮人，他是發揮自我價值，並因此受人尊敬的完美例子。」

想要成功，就不能害怕冒險。

所謂的冒險，不是指盲目的鋌而走險，而是建立在周密的思考後所作的客觀判斷和積極行動；要達到這一步，必須累積相當開闊的視野和豐富的經驗。

有了這些條件，再加上過人的膽識，成功自然也就能水到渠成了。

別讓不如意干擾情緒

有一家人高高興興地出國旅行，整個旅途上都很平安順利，大家也都玩得很愉快。

沒想到返抵國門後，正準備從機場回家，在高速公路竟遇上了一場很嚴重的連環大車禍。雖然全家人都很幸運沒有受傷，但因為車禍的關係，延遲了六小時才回到家。

好不容易回到家，全家人原本陶醉在旅行之中的愉快氣氛，早已蕩然無存了。他們不斷向前來家中拜訪的親朋好友抱怨自己倒霉，反而對旅途中發生的趣事隻字不提。

這時候，在一旁靜靜聽著抱怨的老奶奶開口說道：「這有什麼倒霉的？遇到這麼大的車禍，死傷又這樣慘重，一家人都還能安全地回來，這已經是很大的福氣了。」

當天不從人願的情形發生時，就不應該把這種情形稱作失敗，更別因此而產生負面的情緒和負面的想法，因為，只有當自己放棄的時候，才叫做真正的失敗。

其實，許多不順遂的事情充其量也不過是不完美的結果而已。

再怎麼成功的人，也會有徒勞無功的時候，但這些人不會將徒勞無功視為失敗，而是視為不如人意的結果，並且坦然面對，累積這些結果所帶來的經驗，達到最後的成功。

感謝壞人送給你的機遇

鴻池是日本著名的清酒製造商。不過，剛開始經商之時，只是個奔波於大阪和東京間的小商人。據說他從一個小商販，一舉成為大富豪，有著一段陰錯陽差的故事。

有一天，鴻池來到酒坊視察工人們的工作情況，沒想到卻讓他發現有個工人正在偷喝米酒，於是他走上前去，狠狠地責罵了這個工人一頓，還扣了他半個月的工錢。

但是，這個工人一點也不認為自己有錯，還辯稱他是要試嘗新釀米酒的滋味，老闆根本就沒有理由罰扣他的工錢。

鴻池看著這個工人的態度和反應，心想：「這傢伙這麼不老實，不宜留在這裡幫忙。」於是，毫不客氣地叫他收拾東西離開酒坊。

沒想到這個工人遭到解雇後，心中十分惱怒，臨走前決定要報復。於是，他抓了一把火爐的灰燼，偷偷地撒進米酒桶中，然後便開心而又迅速地離開酒坊。當時，日本生產的米酒有點混濁，工人心想，撒進了火爐灰燼，那麼米酒會更加混濁，肯定賣不出去。

但是，事情卻出乎意料之外，隔天鴻池來到放置米酒桶的工作坊查看，卻發現一件從來沒有見過的事。原來，火爐灰爐沉到了酒桶底，而在沉澱物層上的酒層，卻變得非常澄清透明。

他知道這一定是離職工人幹的好事，不過當他專注地看著桶裡的清酒時，對於工人蓄意報復的惱怒，忽然全拋到九霄雲外，因為他在轉念間想到，如果能把混濁的米酒變成透明的清酒，一定會非常暢銷。

於是，鴻池立即把爐灰澄清酒品的新發現，拿來做清酒的研究和實驗。經過多次改進和試驗，終於發明了一種高效實用的濁酒清化法。

他將這個新酒品命名為「日本清酒」，還推出了一個廣告：「喝杯清酒，交個朋友。」

當清酒上市後，消費者的眼睛為之一亮，各家旅館、飯店紛紛大量訂購，大家更把這個「日本清酒」視為宴客時必備的酒品。

這個不甘心遭到開除的工人肯定沒有想到，他的報復動作，反而幫了鴻池一個大忙，讓他研發出製造清酒的方法。

當然，如果鴻池只顧發怒，沒有仔細觀察酒裡的情況，或是沒有想出清酒的賣點，那麼他就無緣「把壞人變貴人」，仍然會與發財的機遇擦肩而過。

這個故事無疑告訴我們，應該睜大眼睛看世界，活化自

己的思考能力，不要老是為了一些芝麻小事動氣。事情都已經發生了，不如動腦想想有何解決之道，或是如何「把壞人變貴人」，因為也許這將是另一個「弄拙成巧」的奇蹟。

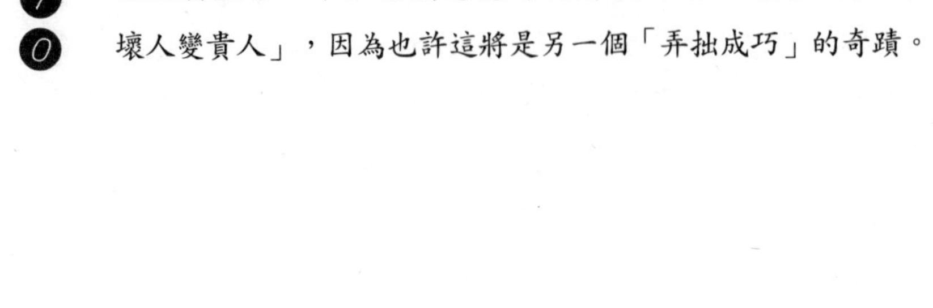

要努力，還要有毅力

英國細菌學家歐立然，在研製消滅人體內的錐蟲和螺旋體病原蟲藥物的過程中，幾個晚上徹夜不眠是家常便飯。真的累到受不了的時候，就用書當枕頭，和衣躺在實驗室的長椅上小睡片刻，醒來後，再接著繼續工作。這樣持續了許多年，最後才終於研發出六百多種藥物。

俄國詩人馬雅可夫斯基在寫《多斯塔之窗》時，也是夜以繼日地寫作，不浪費任何一點靈感。疲倦的時候，就用柴當枕頭，因為木柴不舒服，才能讓自己不至於睡得太久。正因為如此，他才能擁有比一般人還要多的時間，做出一般人所做不到的事情。

科學家牛頓也是如此。牛頓有一次請朋友吃飯，朋友已經到了，僕人也把飯菜都擺好了，可是卻遲遲不見主人牛頓的蹤影。原來，牛頓突然想到一個問題，所以又躲進實驗室裡做實驗了；一進入實驗室後，牛頓就忘記了外界的一切，更忘了請朋友吃飯這件事了。

朋友知道牛頓的習慣，所以自己吃完飯後便告辭走了，而牛頓一直等到得出了實驗結果後，才滿意地走出實驗室。等他來到餐廳，看到朋友吃剩的飯菜時，還莫名所以地說：

「我還以為要吃飯了呢，原來我已經吃過了！」

很多人才剛剛付出，就急著期待看到成果，一旦發現結果不如預期，便立刻想要放棄。

這樣的人是永遠不可能成功的，因為成功不只需要努力，還要加上決心及毅力，就算努力之後無法達到自己想要的結果，但至少盡了全力，不只對得起自己，也能夠為下次的成功奠定更紮實的基礎。

機會就在「麻煩」中

費爾德是架設海底電纜的創始者，當他決定進行海底電纜這個計劃時，毫不猶豫地把所有的財產都拿出來，投資在開發海底電纜上。為了尋求國會議員的支持，他在國會議題討論中不知道接受過多少議員的質疑和反對，但是費爾德並不灰心，最後終於獲得國會議員過半數通過支持，讓他的計劃得以執行。

因為鋪設海底電纜是一項前所未有的工程，所以在第一次架設的時候，就因為電纜在海裡無法鋪設超過五公里而失敗。接下來，他仍然不斷地遭遇到許多慘痛的失敗，但是他一步一步地修正，最後，終於在一八五八年完成了世界上第一條海底電纜。

電纜雖然架設好了，但遺憾的是，只營運了幾個星期。可是費爾德還是不死心，他仍然到處說服投資人，籌集資金準備做最後一搏。

好不容易有公司願意支持費爾德的計劃，但是在鋪到兩千四百英哩的地方時，電纜又斷了，一切的努力又付諸流水，損失金額超過六百萬美元。

經過十二年不停地努力，在一八六六年七月二十七日那

天，終於成功地完成了電纜的工程。第一個透過海底電纜傳來的消息是：「感謝上帝，電纜鋪好了，運行正常。費爾德。」

學做人

有時候，「自找麻煩」反而是讓自己成名的大好機會，因為大多數人都怕麻煩，所以「自找麻煩」的人反而特別容易引人注意。

機會往往就隱藏在層層的麻煩之中，如果想成功，別吝嗇你的時間，只要你願意堅持下去一定能找到成功的契機！

用信念改變命運

一九五五年，十八歲的金蒙特已經是全美國最年輕，也是最受喜愛的知名滑雪選手。她的名字出現在大街小巷，她的照片也成為各大雜誌的封面，美國人民都看好金蒙特，認為她一定能替美國奪得奧運的滑雪金牌。

然而，一場悲劇卻使金蒙特的願望成了泡影。在奧運會預選賽最後一輪的比賽中，因為雪道特別滑，金蒙特一不小心就從雪道上摔了下去。當她在醫院中醒來時，發現自己雖然保住了性命，但是肩膀以下的身體卻永遠癱瘓了。

金蒙特十分努力地想從癱瘓的痛苦中跳出來，因為她知道，人活在世界上只有兩種選擇：奮發向上，或是從此意志消沉。最後，金蒙特選擇了奮發向上，因為她對自己的能力仍然堅信不疑。

有好幾年的時間，她的病情處於時好時壞的狀況，但是她從來沒有放棄過追求有意義的生活。幾經艱難，金蒙特學會了寫字、打字、操縱輪椅和自己進食，同時也找到了人生的新目標：成為一名教師。

因為她的行動不便，所以當她向教育學院提出教書的申請時，系主任、校長和醫生們都認為，以金蒙特的身體情況，實在不適合當教師。可是，金蒙特想要當教師的信念十分堅定，並沒有因為遭到歧視和反對就宣告放棄。

她仍然持續地接受復健治療，也不斷地努力唸書，終於在一九六三年獲得華盛頓大學的教育學院聘請，完成她想當教師的願望。

雖然金蒙特沒有辦法得到奧運金牌，但是她鍥而不捨的意志力，已為她的人生贏得了最寶貴的金牌。

在遭受到這麼大的打擊之後，就算金蒙特選擇自怨自艾地度過餘生，應該也沒有人忍心苛責她。可是，她並沒有選擇頹唐，她願意接受眼前的事實，並且尋找另一條出路，於是在她的堅持之下，命運最後還是操縱在了她自己的手裡。

受到挫折時，歸咎於命運是很多人會尋找的借口，但是別忘了，就算挫折真的是命中注定，你的信念和意志，仍然可以改變挫折的結果。

先跨出第一步再說

某個成功學大師到墨西哥進行巡迴演講時，有一對夫婦特地到休息室來拜訪他，並且希望這位大師能夠替他們目前生活上遇到的問題，提供一些有效的建議。

這個妻子對大師說：「我們一直希望能在高級住宅區擁有一棟房子，我們已經夢想好多年了。」

大師問：「那為什麼還沒有呢？」

丈夫歎了一口氣，回答道：「這談何容易，我們的存款不夠。」

大師說：「既然你們已經知道自己想要的是什麼了，窮又有什麼關係呢？不要讓窮阻止你們跨出第一步。」

這句話讓夫婦兩人下定了決心。經過一段時間之後，這對夫婦再度前來拜訪大師，妻子對大師說：「我們從墨西哥來到美國，是專程為了來感謝您的。」

大師有點驚訝：「為什麼要感謝我？」

「要不是您，我們也許永遠都沒有辦法擁有新房子。」

丈夫接著說：「有一天，我們有幾位美國朋友打電話來，要我送他們到高級住宅區去。因為那時我們都已相當疲倦，原本打算拒絕的，可是突然想到你對我們說的：『跨

出第一步。』於是，我們決定送他們到那裡。當我們到了高級住宅區之後，看見了一間我們夢寐以求的房子正在出售，於是就買下了它。」

大師好奇地問：「你們要怎麼負擔房子的費用呢？」

妻子回答：「我們買了兩間房子，再將其中一間租出去，這樣一來，那棟房子的租金就可以貼補房貸的分期付款；再加上我們原來的存款，剛好能完成夢想。」

如果這對夫婦一直抱持著「存款不夠，所以買不起房子」的心態，那麼永遠也沒辦法擁有他們想要的房子。因為他們跨出了第一步，所以不但讓美夢成真，也想出了解決問題的方法。由此可知，設定目標，絕對是成功的第一步！

英國詩人布朗寧說：「矮小的人不斷點滴累積，一百次便能達到目的；高大的人目標萬千，卻不能命中一個鵠的。」

只要確定目標，那麼就勇敢地跨出你的步伐吧！所有的障礙，都會在你跨出步伐時，找到理想的解決辦法。

努力，要讓別人看得到

曾經有一個衣衫襤褸的少年，到摩天大樓的工地，向衣著華麗的承包商請教：「我應該怎麼做，長大後才能跟你一樣有錢？」

承包商看了少年一眼，對他說：「我跟你說一個故事：有三個工人在同一個工地工作，三個人都一樣努力，只不過，其中一個人始終沒有穿工地發的藍制服。最後，第一個工人現在成了工頭，第二個工人已經退休，而第三個沒穿工地制服的工人則成了建築公司的老闆。年輕人，你明白這個故事的意義嗎？」

少年滿臉困惑，聽得一頭霧水，於是承包商繼續指著前面那批正在鷹架上工作的工人對男孩說：「看到那些人了嗎？他們全都是我的工人。但是，那麼多的人，我根本沒辦法記住每一個人的名字，有些人甚至連長相都沒印象。但是，你看他們之中那個穿著紅色襯衫的人，他不但比別人更賣力，而且每天最早上班，也最晚下班，加上他那件紅襯衫，使他在這群工人中顯得特別突出。我現在就要過去找他，升他當監工。年輕人，我就是這樣成功的。我除了賣力工作，表現得比其他人更好之外，我還懂得如何讓

別人『看』到我在努力。」

不要以為只有你一個人在拚命工作，其實每個人都很努力！

因此，如果想要在一群努力的人中脫穎而出，除了比別人做得更好之外，就得靠其他的技巧和方法了。

最好的辦法，就是找出自己與眾不同的特質，將你的努力用在發揮這些特質上，如此一來，即使做的是相同的工作，那麼你也會比別人更耀眼，更有可能獲得成功的機會！

限制，都是自己造成的

魔術大師胡迪尼最令人津津樂道的表演，就是他能在很短的時間內打開非常複雜的鎖，而且從來沒有失手過。

他為自己訂下一個目標：六十分鐘之內，一定要從任何鎖中掙脫出來。不過，條件是必須讓他穿著自己特製的衣服進去，而且絕對不能有任何人在旁邊觀看。

有一個英國小鎮的居民，決定向胡迪尼挑戰。他們製造了一個特別堅固的鐵牢，還配上一把非常複雜的鎖，然後請胡迪尼來接受考驗，看看他能不能順利地從這個鐵牢中脫身。

胡迪尼接受了這個挑戰。他穿上了特製的衣服走進鐵牢，所有的居民都遵守規定，不去看他如何開鎖。

胡迪尼從衣服裡拿出工具開鎖，但是，時間一分一秒地過去了，他卻打不開鐵牢，頭上開始冒汗。終於，一個小時過去了，胡迪尼還是聽不到期待中鎖簧彈開的聲音，他精疲力盡地靠著門坐下來，結果牢門竟然順勢而開。

原來，這個牢門根本沒有上鎖！那把看似複雜的鎖原來只是個模型，而一向有「逃生專家」美譽的胡迪尼，竟然被一道根本沒有上鎖的鎖弄得動彈不得。

許多的限制或障礙，其實都是自己造成的。因為，遇到事情時，我們首先想的不是該怎麼面對，而是如何才能繞過；當問題發生時，直覺反應一定是先找借口，而不是如何解決，等到真的逼不得已的時候，才會動腦筋思考解決的方法。

所以，也許本來很簡單的事，都因為先在心中設置了障礙，才會讓事情越來越複雜，也限制了自己的發展。

不要讓自己的創意不切實際

《富爸爸，窮爸爸》裡有一則有趣的故事。

羅伯特和麥克才九歲的時候，就想靠自己的力量賺取零用錢。但是，他們的年紀太小了，找不到適合的工作，於是兩人想了很久，終於想出了一個他們認為「最好」的賺錢方法。

接下來的幾個星期，羅伯特和麥克跑遍了整個小鎮，到處去要別人用完的牙膏空罐。每個人都很願意給他們這種沒用的東西，可是每當問起有什麼用途時，他們總是回答：「這是商業祕密」。

等到他們收足了牙膏空罐時，就開始把這些牙膏空罐變成錢了。兩個九歲的男孩在車庫合力「安裝」了一條生產線，完成之後還要求羅伯特的爸爸來參觀。

原來，當時的牙膏空罐還不是塑膠制的，而是鉛制的。所以把牙膏空罐上的塗料熔掉之後，鉛皮就會因為高溫變成液體，然後羅伯特和麥克再小心地把鉛液灌入裝有石灰的牛奶盒裡。

看到這種情形，羅伯特的爸爸好奇地問：「你們在做什麼？」

羅伯特興奮地說：「我們正在『做』錢，我們就要變成富翁了！」

麥克也笑著說：「我們是合夥人。」

羅伯特用一個小錘子敲開牛奶盒，並且對他爸爸說：「你看，這是已經做好的錢。」

說著，一個鉛制的五分硬幣就這麼掉了出來。

羅伯特的爸爸這才明白：「原來你們在用鉛鑄硬幣啊！」

麥克說：「對啊，這是我們想到的賺錢方法。」

羅伯特的爸爸笑著搖搖頭，並且向他們說明為什麼這個方法是犯法的行為，根本行不通。

兩個孩子聽完後，頓時覺得非常失望，羅伯特很沮喪地對麥克說：「我們當不成富翁了。」

羅伯特的爸爸聽完，對他們說：「孩子，一件事情的成敗並不重要，重要的是你們曾經嘗試過。你們比大多數只會空談的人還要厲害得多，我為你們感到驕傲。」

創意如果沒有真正付諸行動，就不可能稱為創意，只能稱為一種腦海中的「想法」而已。

而且，創意一開始都是天馬行空的，需要靠行動一步步地加以修正，否則，再多不切實際的想法，也不過是徒然浪費自己的想像力罷了。

因此，當身邊有人嘲笑你的創意是異想天開的幻想時，先別急著鬧脾氣，也不用和對方爭得面紅耳赤，而是試著付諸行動，然後一步步加以修正。

如此一來，你的創意就有可能成為通往成功的快捷方式。

踏出實實在在的第一步

有一名百萬富翁，他原本是一個乞丐，他的財富都是靠別人的施捨得來的。將這名富翁曝光的記者剛開始非常懷疑，一個每天依靠人們施捨的人，怎麼可能擁有這樣巨額的存款？經過查證後，記者才發現，原來這些存款都是乞丐每天乞討得來的。他把零錢慢慢累積起來，從一分錢到一塊錢，接著十塊錢、一百塊錢、一直到一百萬。

金氏世界紀錄上曾經有一位六十三歲的老婦人，創下徒步從紐約走到佛羅里達州邁阿密的紀錄。老婦人長途跋涉，克服了重重困難終於到達了邁阿密，有位記者去採訪老婦人，想知道她到底是如何鼓起勇氣，決定徒步旅行的，難道她不認為這是一件既辛苦又困難的事嗎？

老婦人微笑地回答記者說：「走這麼遠的路的確是需要勇氣，可是走一步路卻不需要任何勇氣也可以辦得到。我就是抱持著這種心態，把很遠的路當成一步一步來走，就這樣，現在的我才能站在這裡。」

「萬事起頭難」，做任何事，最困難的往往就是第一步，只要能跨出第一步，接著只要一步一步地走下去就可以了。

但是，如果第一步跨得太大，那麼後來不是因為筋疲力盡而放棄，就是因為摔得傷痕累累，心生膽怯而放棄。所以，在跨出第一步的時候，別心急、也不要貪心，實實在在地踏出第一步，那麼後來的步伐才能更穩健，也才可以避免半途而廢的遺憾發生。

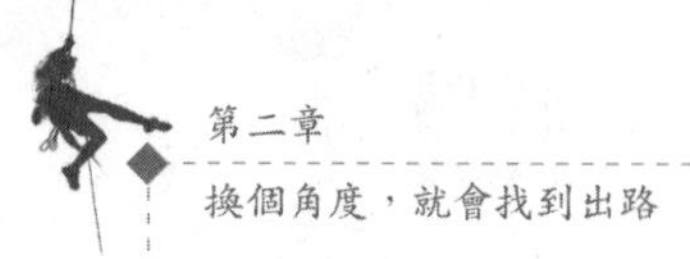

困難，都是自己想像出來的

打從瑪麗嫁到這座農場來的時候，那塊石頭就已經在這裡了。石頭的位置剛好位在後院的屋角，而且是一塊形狀怪異、顏色陰暗的怪石。它的直徑大約一公尺，從屋角的草地裡突出將近兩公分。如果不小心的話，隨時都有可能被它絆倒。

有一次，當瑪麗使用割草機清除後院的雜草時，不小心碰到了石頭，割草機高速運轉的刀片就這樣被碰斷了。因為常常造成不便，所以瑪麗就對丈夫說：「能不能想個辦法，把這塊石頭挖走呢？」

「不可能挖起來的。」丈夫這麼回答，瑪麗的公公也表示同意。

「這個石頭埋得很深。」公公對瑪麗說：「從我小時候起，這塊石頭就在這裡了，從來沒有人嘗試把它挖起來。」

石頭就這樣繼續留在後院裡。年復一年，瑪麗的孩子們出生，然後離家，接著是瑪麗的公公去世，到最後，瑪麗的丈夫也去世了。

在丈夫的葬禮過後，瑪麗開始打起精神整理房子，這個時候她看見了那塊石頭，因為它的關係，周圍的草坪始終

無法生長良好。

於是瑪麗拿出了鐵鏟和手推車，準備花上一整天的時間挖走這塊石頭。沒想到才過了五分鐘，石頭就已經開始鬆動，而且一下子工夫就被瑪麗給挖出來了。

原來，這顆石頭只不過幾十公分深而已。於是，那顆原本每一代人都認定沒辦法移動的石頭，就這樣簡單地被移走了。

如果瑪麗沒有親自動手去做，關於這塊石頭困難的「神話」，或許也就這麼繼續流傳下去了。

困難到底是不是困難，必須動手去做才會知道。如果你只會在一旁空想，那麼這個世界對你而言，將會是個被重重「困難」包圍的可怕環境，而你，永遠也無法破除困難，往前再進一步！

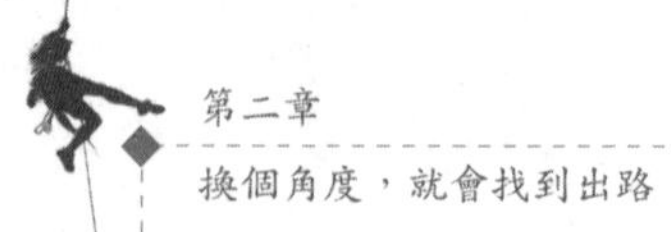

強者的宣言生命的歌

很多年前，有一隻威嚴的老鷹，孤單地居住在一座非常高的山頂上。有一天，牠覺得自己死期已近，就把住在山嶺較低處的兒子們召來。當兒子們來齊後，牠一個接一個地掃視每個兒子，然後說道：

「我已經撫育了你們，將你們養育長大，使你們能夠直視日光。你們兄弟中那些不能忍受日光照射的，我就讓牠們餓死了。為了這個原因，你們理應比別的鳥都飛得更高。還想活命的鳥兒，是不會襲擊你們的鷹巢的。所有的動物都將畏懼你們，你們千萬別去傷害那些尊敬你們的動物，應該允許牠們分享你們吃剩的殘羹。

「現在我就要離開你們了。但我不會死在我的巢裡，我將飛得非常高，遠到我的翅膀能夠帶我去得到的高空，我將展翅高飛向太陽道別，讓猛烈的日光燒掉我老邁的羽毛。然後我將向大地直落下來，掉進大海。

「但是，我將不可思議地從海中再飛起來，準備開始新的生命。這就是鷹的命運，我們的命運。」說著這番話，老鷹飛上天空，牠威武地圍繞著兒子們所站立的高山飛翔。緊跟著，突然擰轉身子，向那即將燒掉它老邁和疲倦身軀

的太陽衝去。

面臨死亡的鷹的遺言，大氣磅礡，威風凜凜，是一份強者的宣言。那種從小「養成勇敢直視太陽」的強悍生命力，那種讓太陽的烈焰燃燒羽毛的死法，那種死而復生的信念，簡直就是巨大的生命之歌。

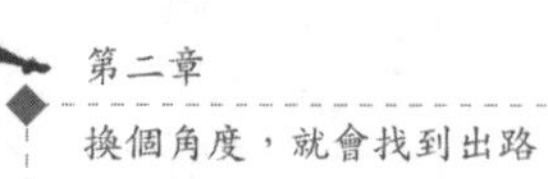

揚長避短

一個中樞神經殘廢，肌肉嚴重衰退，失去了行動能力，手不能寫字，話也講不清楚，終生要靠輪椅生活的青年，憑借一個小書架，一塊小黑板，還有一個他以前的學生作助手，竟然在天文學的尖端領域——黑洞爆炸理論的研究中，對黑洞臨界線特異性的分析，獲得了震動天文界的重大成就。

對此，我們一定會感到驚奇。然而，這卻是不容置疑的事實，他還因此榮獲了一九八〇年度愛因斯坦獎金。

他的名字叫史蒂芬・霍金。史蒂芬・霍金是個英國人，當時只有三十五歲。更有趣的是，作為天文學家，他從不用天文望遠鏡，卻能告訴我們有關天體運動的許多祕密。他每天被推送到劍橋大學的工作室裡，做著他饒有興味的研究工作。

霍金贏得了科學界公認的理論物理學研究最高榮譽。體魄健全、研究工作一流的理論物理學研究者們，又有幾個曾獲得過這樣的殊榮？

不論你的生存條件如何，都不要磨滅自身潛藏的智能，不要自貶可能達到的人生高度，要鍥而不捨地去克服一切困難，發掘出自身才能，揚長避短、踏踏實實地朝著人生最高目標堅定地前進！

將軍殺寶馬的故事

一位勇猛的將軍年輕時總喜歡到附近的村子去享受放蕩的生活。他的青春就這樣一天天虛度，武藝也漸漸荒廢了。

有一天，將軍的母親狠狠地訓斥了他一頓。母親情真意切的話令他猛然驚醒，將軍感到萬分慚愧，向母親發誓說再也不會去那個村子了，從此苦練武藝，立志成為一個有用之人。

一天，他在整日的訓練之後，將軍又累又乏，伏在愛駒上睡著了，馬兒本來應該馱他回家。誰知受過主人調教的馬，一路上竟帶著他到過去的樂土去了。

當將軍醒來時，發現自己又到了不該到的地方，他凝視著自己的馬，牠可是除了親人以外的至愛。經過長久的沉默，他還是拔出劍來，殺了這匹馬。

你的一切取決於你的渴望和決心。就像這名將軍一樣，一個人如果真正下定決心，就應該徹底改變舊有的行為和習慣，唯有如此才會有成功的可能。

別以為自己真的是老虎

古時有一個人披著獅皮走到野地裡，有一隻老虎看見了，以為真的是一頭獅子，嚇得轉身就跑。這個人以為是老虎怕自己，心裡非常得意，認為自己很了不起，居然能把老虎嚇跑，就不把別人放在眼裡了。

第二天，他又穿著獅皮去了野外，又見到了那隻老虎，奇怪的是他發現老虎並不像初次見自己時那麼畏縮，而是死死盯著他。這個人非常惱火，大聲訓斥老虎，結果老虎猛地撲了過來，把這個人吃掉了。

只有靠自己的實力，才有可能取得成功，並獲得夥伴的尊重。即使再能偽裝的物種，遲早有一天也會露了馬腳，而那一天也就是他的厄運來臨之日。

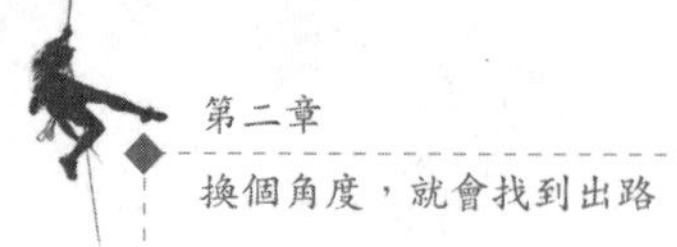

爬起來比倒下去多一次

丹尼爾・盧迪是一位非常有群眾魅力的演說家。

盧迪在伊利諾州喬列特長大，從小就耳聞聖瑪麗大學的神奇傳說，夢想有一天去那兒的綠茵場踢足球。朋友們對他說，他的成績不夠好，又不是公認的體育好手，別異想天開了。因此，盧迪拋棄了自己的夢想，到一家發電廠當工人。

不久，一位朋友上班時死於事故，盧迪震駭不已，突然意識到人生是如此短暫，以致很可能沒機會追求自己的夢了。

一九七二年，他在二十三歲時讀印第安納州聖十字初級大學。盧迪在該校很快修夠了學分，終於轉入聖瑪麗大學，並成為支援校隊賽事的童子軍一員。盧迪的夢想很快要成真了，但他卻未被准許比賽穿上球衣。

翌年，在盧迪多次要求後，教練告訴他可以在該賽的最後一場穿上球衣。在那場比賽期間，他身著球衣在聖瑪麗校隊的替補隊員席就座。看台上的一個學生吶喊道：「我們要盧迪！」其他學生很快一起叫喊起來。在比賽結束前二十七秒，二十七歲的盧迪終於被派到場上，進行最後一輪比賽。隊員們幫助他成功地搶到那個球。

十七年後，盧迪在聖瑪麗大學體育館外的停車場。一個電影攝影組正在那兒，為一部有關他生平的電影拍外景。

學做人

成功者不過是爬起來比倒下去多一次而已。成功者與失敗者之間最大的區別，通常並不在於毅力。許多天資聰穎者就因為放棄了，以致功虧一簣。然而，成就輝煌的人絕對不會輕言放棄。

一步之遙

一九八四年，麥當勞奇蹟的創造者雷・克羅克與世長辭，享年八十一歲。

在麥當勞總部的辦公室裡，懸掛著克羅克的座右銘——《堅持》：

在世界上，毅力是無可替代的——才能無法代替它，但有才能卻失敗就是蠢才；天才無法代替它，但沒有報負的天才只是個蠢才；教育無法代替它，但世界上到處是受過教育的廢物；只有毅力和決心是無所不能的。

其實，成功與失敗的差異往往是一步之遙，前面大部分的困難已使人精疲力竭，這時即使一個微小的障礙也可能導致前功盡棄。只有咬緊牙關堅持下去，勝利便近在眼前。

選對自己的位置

山裡人有一尊巨大的石像，石像面朝下躺在門前的泥地裡，他毫不理會。對於他來說，這不過是一塊石頭。

一天，一個城裡的學者經過他家，看到了石像，便問這個人能不能把石像賣給他。這個山裡人聽了哈哈大笑，十分懷疑地說：「你居然要買這塊又髒又臭的石頭，我一直為沒法搬開它而苦惱呢！」

「那我出一個銀元買走它。」學者說。山裡人很高興，因為他得到了一個銀元，又搬走了石頭，這使他的門前寬敞多了。

石像被學者設法運到了城裡。幾個月後，那個山裡人進城在大街上閒逛，看見一間富麗堂皇的屋子前面圍著一大群人，有一個人在高聲叫著：「快來看呀，來欣賞世界上最精美、最奇妙的雕像，只要兩個銀元就夠了，這可是世界上頂尖的作品！」

於是，他付了兩個銀元走進屋子去，想要一睹為快。而事實上他所看到的正是他用一個銀元賣掉的那尊石像，可是他已無法認出這曾經屬於他的石像了。

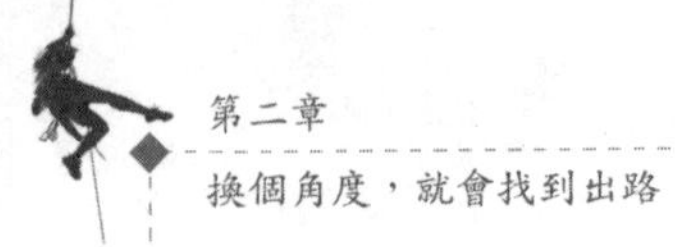

寶貝放錯了地方就是廢物。其實人與人之間沒有什麼本質的區別，就像天空中的繁星，都有自己的位置，雖然有的燦爛，有的暗淡，但是只要換一個位置，我們就能發現星星各自的光輝。對於成功而言，最關鍵的是選對自己的位置和目標。

人生的真諦

幾個學生向蘇格拉底請教人生的真諦。蘇格拉底把他們帶到一片果林旁邊。

「你們各順著一行果樹，從林子這頭走到那頭，每人摘一枚自己認為最大最好的果子。不許走回頭路，不許做第二次選擇。」蘇格拉底吩咐說。

學生們出發了，他們都十分認真地做著選擇。當他們到達果林的另一端時，老師已在那裡等著他們。

「你們是否都摘到自己滿意的果子了？」蘇格拉底問。

「老師，讓我再選擇一次吧。」一個學生請求說，「我走進果林就發現了一個很大很好的果子，但是我怕後邊還有更大更好的，就沒有摘。但是當我走到林子的盡頭時，才發現第一次看見的那枚果子就是最大最好的。」

其他學生也紛紛請求再選擇一次。

蘇格拉底搖搖頭：「孩子們，成功就是如此，沒有第二次選擇。」

認準了就去追求，看準了就去做，不要猶豫，不求真心擁有，但求無怨無悔。畢竟，我們在成功面前，永遠沒有第二次選擇的機會。

把握成功的關鍵點

在一次空手道表演賽中，黑帶高手以七段的實力，徒手劈開十餘塊疊在一起的實心木板，贏得觀眾熱烈的喝彩與掌聲。

黑帶高手將十餘塊木板疊了起來，親切地拍著男孩的肩膀，問他：「如果你想劈開這疊木板，你的著力點會放在哪裡？」

男孩指著木板的中心：「這裡，我想一定要打在中心。」

空手道高手笑道：「你將著力點放在最上面這塊木板的中心，當你的掌擊中那一點時，將遭受同等力道的反擊，令你的手反彈且疼痛不已。」

男孩不解地問：「那究竟應該把注意力放在哪個部分？」

空手道高手指著最下面的那塊木板的下方：「這裡，把你的所有注意力都集中到木板的下面，你一定要想著自己將要達到這個地方。這樣，木板對於你就不是一個障礙。」

成功的關鍵在於不能只盯住事情表面，要看到解決問題的根源。只要盯著最關鍵的地方就可以了。

兼收並蓄，追求真善美

愛拼才會贏

一個房地產開發商多次冒險投資都以獲利而告終。

開發商說，他之所以屢屢得手，主要是他敢於冒險。他在選擇一個投資專案時，如果別人都說可行，這就不是機會——別人都能看見的機會不是機會。他每次選擇的都是別人說不行的專案，他認為：只有別人還沒有發現而你卻發現的機會，才是黃金機會。儘管這樣做很冒險，但不去冒險就沒有獲利，只要有百分之五十的希望就值得冒險。

投資大師索羅斯有句名言「當每一個人都有相同想法時，每個人都錯了。」愛拼才會贏，在拚搏中才能碰到機遇，才能在一次次晉級中抵達成功的峰巔。

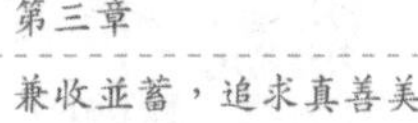

成功並非一蹴而就

成功並非一蹴而就。你一旦有了這個發現，就不會因為沒能在一夜之間取得成功而灰心失望。

美國紡織品零售商協會有一項研究指出，最初的努力不成功，幾乎能令一半的推銷員失敗。請看以下統計數字：

百分之四十八推銷員找過一個人之後不幹了。

百分之二十五推銷員找過兩個人之後不幹了。

百分之十五推銷員找過三個人之後不幹了。

百分之十二推銷員找過三個人之後繼續幹下去，百分之八十的生意是這些推銷員做成的。

要時時記住，沒有人能保證成功會馬上到來，更多的情況下是要花不少的時間。我們認為一夜成功的人，大多數是經過多年努力才取得成就的，他們是那種深信不氣餒便能成功，於是不斷努力的人。

戰勝自己

一天早上，一位將軍受命在天黑之前拿下一個高地。於是他率領部隊向高地發起進攻，無數次的衝鋒，都被敵人一次又一次地擊退。最後一次衝鋒，他所有的戰友全都犧牲了，他自己也在戰壕前幾米處，被一枚地雷炸斷了一條腿……而敵軍的軍旗，仍在山頂上飄揚，於是他絕望地朝自己開了槍。

過了半小時，增援部隊來了。當他們衝上山頂時，發現敵方的官兵已全部戰死，只剩下一個奄奄一息的伙夫，正絕望地抱著軍旗，等著有人爬上來，將他像螞蟻一樣踩死。但那位將軍殺死的卻是自己！

別人無法把你打敗，只有你自己。你是你自己最大的競爭對手。選擇一種戰勝自己的姿態，是每一個渴望成功的年輕人必須完成的功課。

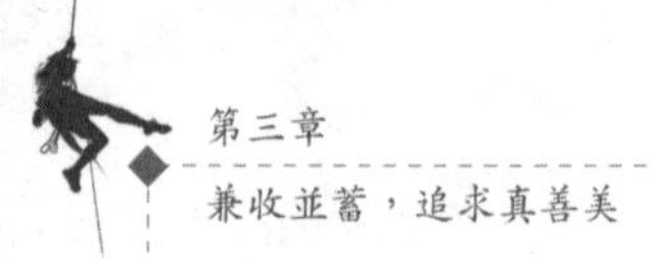

耐心接受歲月的雕琢

一棵長得高大挺拔的樹，非常欣賞自己的身材，並引以為傲。

有一天，來了一隻啄木鳥停在樹上，牠聽到樹幹裡有許多小蟲啃噬的雜音。啄木鳥便用長嘴在樹幹上啄一個個洞，準備將蟲一一吃掉。

這棵樹非常生氣，它不能忍受美麗的枝幹被破壞成一個一個洞，因此，大樹開口責罵啄木鳥並把牠趕走。

就這樣小蟲在樹幹裡長大並生了更多的小蟲，牠們不斷地啃噬著樹幹，逐漸把樹吃空了。有一天，刮起一陣強風，這棵大樹攔腰折斷了。

一塊璞玉，只有經過工匠的細心打磨和雕琢才能展露風華。只有耐心接受歲月的雕琢，才能在風雨的洗禮下邁向成功的殿堂。

用腳畫畫的杜茲納

法國名畫家紀雷有一天參加一個宴會，宴會上有個身材矮小的人走到他面前，向他深深一鞠躬，請求他收為徒弟。

紀雷朝那人看了一眼，發現他是個缺了兩隻手臂的殘廢人，就婉轉的拒絕他，並說：「我想你畫畫恐怕不太方便吧？」

可是那個人並不在意，立刻說：「不，我雖然沒有手，但是還有兩隻腳。」說著，便請主人拿來紙和筆，坐在地上，就用腳趾頭夾著筆畫了起來。他雖然是用腳畫畫，但是畫得很好，足見是下過一番苦功的。在場的客人，包括紀雷在內，都被他的精神所感動。紀雷很高興，馬上便收他為徒弟。

這個矮個子自從拜紀雷為師之後，更加用心學習，沒幾年的工夫便名揚天下，他就是有名的無臂畫家杜茲納。

沒有手竟然能成為畫家，豈不是很不可思議嗎？這個故事告訴我們；要有排除萬難的毅力和恆心，你就能創造奇蹟，做到別人所做不到的事情。

殘而不廢的海倫·凱勒

偉大的海倫·凱勒女士，在一歲多的時候，因為生病，從此眼睛看不見，並且又聾又啞了。由於這個原因，海倫的脾氣變得非常暴躁，動不動就發脾氣摔東西。

家人看她這樣下去不是辦法，便請來一位很有耐心的家庭教師蘇麗文小姐。

海倫在她的薰陶和教育下，逐漸改變了。她瞭解每個人都很愛她，所以她不能辜負大家的期望。她利用僅有的觸覺、味覺和嗅覺來體認四周的環境，努力充實自己，後來更進一步學習寫作。

幾年以來，當她的第一本著作《我的一生》出版時，立即轟動了全美國。

海倫·凱勒雖然身體有殘缺，但是她能克服不幸，完成大學教育。更致力於教育殘缺兒童的社會工作，這種努力上進的精神，實在值得我們效法，海倫·凱勒真可算是個殘而不廢的人。

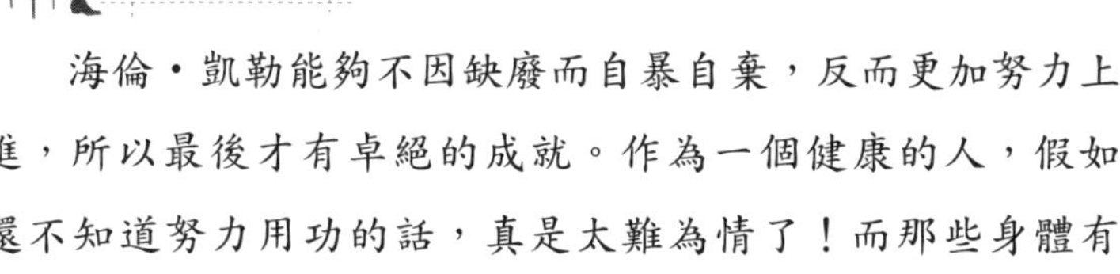

海倫·凱勒能夠不因缺廢而自暴自棄，反而更加努力上進，所以最後才有卓絕的成就。作為一個健康的人，假如還不知道努力用功的話，真是太難為情了！而那些身體有缺陷的人，若藉此放棄人生的話，更是太讓人失望了！

站起來

一位父親很為他的孩子苦惱。因為他的兒子已經十五六歲了，可是一點男子氣概都沒有。於是，父親去拜訪一位禪師，請他訓練自己的孩子。

禪師說：「你把孩子留在我這裡，三個月以後，我一定可以把他訓練成真正的男人。不過，這三個月裡，你不可以來看他。」父親同意了。

三個月後，父親來接孩子。禪師安排孩子和一個空手道教練進行一場比賽，以展示這三個月的訓練成果。

教練一出手，孩子便應聲倒地。他站起來繼續迎接挑戰，但馬上又被打倒，他就又站起來……就這樣來來回回一共十六次。

禪師問父親：「你覺得你孩子的表現夠不夠男子氣概？」

父親說：「我簡直羞愧死了！想不到我送他來這裡受訓三個月，看到的結果是他這麼不經打，被人一打就倒。」

禪師說：「我很遺憾你只看到表面的勝負。你有沒有看到你兒子倒下去立刻又站起來的勇氣和毅力呢？這才是真正的男子氣概啊！」

只要站起來比倒下去多一次就是成功。那些有成功慾望的人，無論勝利還是失敗，都會說：再來一次！

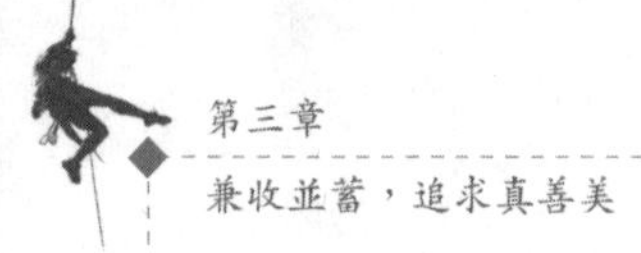

斷箭

春秋戰國時代，一位父親和他的兒子出征打戰。父親已做了將軍，兒子還只是馬前卒。

戰事爆發，一陣號角吹響，戰鼓雷鳴之後，父親莊嚴地托起一個箭囊，其中插著一隻箭。父親鄭重對兒子說：「這是家襲寶箭，配帶身邊，力量無窮，但千萬不可抽出來。」

那是一個極精美的箭囊，厚牛皮打製，鑲著幽幽泛光的銅邊，再看露出的箭尾。一眼便能認定是用上等的孔雀羽毛製作的。兒子喜上眉梢，貪婪地幻想箭桿、箭頭的模樣，耳旁彷彿嗖嗖地箭聲掠過，敵方的主帥應聲折馬而斃。

果然，配帶寶箭的兒子英勇非凡，所向披靡。當鳴金收兵的號角吹響時，兒子再也禁不住得勝的豪氣，完全背棄了父親的叮囑，強烈的慾望驅趕著他呼一下就拔出寶箭，試圖看個究竟。驟然間他驚呆了。

一隻斷箭，箭囊裡裝著一隻折斷的箭。

我一直揹著斷箭打仗！兒子嚇出了一身冷汗，彷彿頃刻間失去支柱的房子，意志轟然坍塌了。

結果不言自明，兒子慘死於亂軍之中。

拂開濛濛的硝煙，父親揀起那柄斷箭，沉重地啐一口道：「不相信自己的意志，永遠也做不成將軍。」

自己才是一隻箭，若要它堅韌，若要它鋒利，若要它百步穿楊，百發百中，磨礪它、拯救它的都只能是自己。

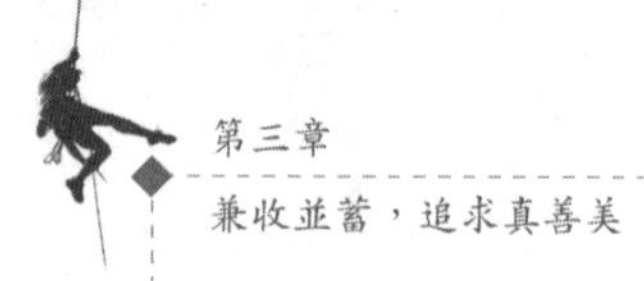

夢想只隔一個冬天

有兩個漁民叫做阿呆和阿土，他們都夢想著成為大富翁。

有一天，阿呆做了一個夢，夢見對岸島上的寺廟裡種有四十九棵朱槿，其中開紅花的那一株下埋有一罈黃金。阿呆滿心歡喜地駕船去了對岸的小島。島上的寺廟果然種有四十九棵朱槿。此時已是秋天，阿呆便住了下來，等候春天的花開。

隆冬一過，朱槿花一一盛開了，但都是清一色的淡黃。阿呆沒有找到開紅花的那一株。廟裡的僧人也告訴他從未見過哪棵朱槿開紅花。阿呆便垂頭喪氣地駕船回到了村莊。

後來，阿土知道了這件事，他就用幾文錢向阿呆買下了這個夢。阿土也去了那座寺。又是秋天，阿土也住下來等候花開。第二年春天，朱槿花凌空怒放，寺裡一片燦爛。奇蹟就在那時出現了：果然有一棵朱槿盛開出美艷絕倫的紅花。阿土激動地在樹下挖出一罈黃金。後來，阿土成了村莊裡最富有的人。

阿呆與富翁的夢想只隔了一個冬天。他忘了把夢帶入第二個燦爛花開的春天，而那些足可令他一世激動的紅花，就在第二個春天盛開了！

我們的人生何曾不是充滿夢想。那朵絕艷的朱槿花幾度在你我的心靈深處搖曳，那無限風光我們幾欲攬盡。然而我們總是習慣於守候第一個春天，面對第一個季節的空蕪，我們往往輕率地將第二個春天棄之門外，將夢交歸於夢。

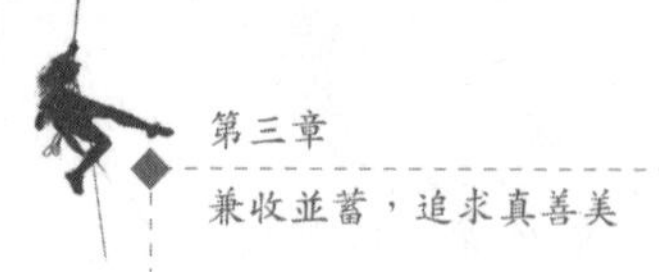

堅持到成功的那一天

大約在一個半世紀以前，一艘英國商船沉沒於馬六甲海域，這艘從廣州駛出的船上載滿古老中國的絲綢、瓷器及珍寶。

十五年前一位名叫鮑爾的人偶然從資料上獲此信息，便下決心打撈這艘沉船，他在深黑的海底摸索了漫長的八年，探索了七十多平方公里的海域，終於找到了海底的寶物。

耗資是巨大的，工作剛進行了三十天，就用去幾萬元，兩位最初的合夥人認定無望而離去。其中有一位鮑爾的好友，幾次加入又幾次離去，並一次次勸說鮑爾放棄這「瘋子」般的念頭。

事後，鮑爾說他也曾經有過放棄的念頭，每次精疲力竭地從海底潛回時他都想永遠不再下去了，他甚至懷疑早年的記載有誤，而且八年來他已耗盡巨資債台高築，但他終於堅持到了成功的這一天。

堅持不用多。在生命旅程中，有一次堅持到底就算是成功，而放棄一旦開了頭就決不會少，對於曾經認定的事——事業、愛情、生命，放棄過一次就會一再放棄。

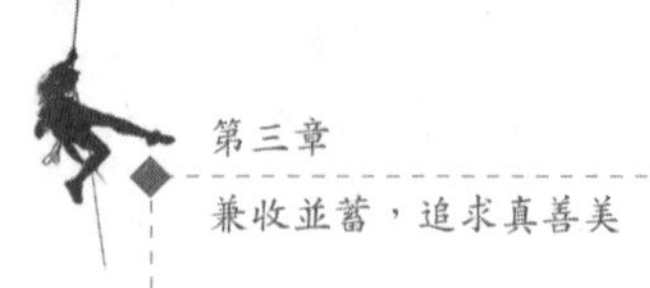

等你敲到第十下就會開門

一對大學時代的戀人，後來因為小事鬧翻了。畢業後，他們天各一方，各自走過了一條坎坷的人生旅途。他們的婚姻都不太美滿，所以時時懷念年輕時的那段戀情。如今白髮爬上了他們的額頭，一個偶然的機會，他們又相聚了。閒談中他們談起了那一件事。

男人問女人：「那天晚上，我來敲你的門，你為什麼不開門？」

女人說：「我在門後等你。」

「等我？」

「等你敲第十下才開門——可你只敲了九下！」

男人和女人都為這件事後悔了。女人後悔自己過於執拗，她完全可以在男人敲第九下的時候把門打開，或者在他離去時把他叫回來，這樣，她已經很有面子了，為什麼非要堅持等那第十下不可呢？

男人呢？幾十年後如夢初醒：原來那扇門並沒有關死呀！可我為什麼不繼續敲下去呢？只要多敲一下，一切就會完全不同了呀！

生命當中有許多錯失，有時錯在固執地堅持了不該堅持的，或者錯在輕易放棄了不該放棄的。但該堅持的，永遠不能放棄。

別讓想像害了你

在第二次世界大戰時期，德國科學家為了執行希特勒的命令，做了一項慘無人道的心理實驗。

他們找了一位俘虜，並告知他即將成為一項生理實驗的實驗品，實驗方式就是在他的手腕上劃一個傷口，然後觀察血一滴一滴地流光的生理反應。

德國士兵把戰俘綁在實驗台上，用黑布蒙上他的眼睛，然後用一塊很薄的冰塊在他的手腕上劃了一下。同時科學家在他的手腕上放置了一個吊瓶，吊瓶裡的水溫跟人體血液的溫度差不多，吊瓶管子的一端，放在這個戰俘的手腕上方，於是水就從他的手腕慢慢地流下來。在他的下方，科學家放了一個鐵桶，當這個戰俘聽著「滴答」、「滴答」的水聲時，他以為自己的血已經在往外流了。當然，他的手腕並沒有被劃破，但是他以為被劃破了。

過了一個小時，這個戰俘真的死了，而且死去的反應跟失血而死的人一模一樣。因為他相信自己被放了血，於是就被自己嚇死了。

看來，任何的想像，只要你重複的次數多，而且越來越逼真，就有實現的可能。因為，人的潛意識分不清楚事情是真是假，但在你不斷的想像、相信之下，終究會成為事實。

把命運轉換成使命

在古希臘神話中，有一個關於西齊弗的故事。西齊弗因為在天庭犯了法，被天神懲罰，降到人世間來受苦。天神對他的懲罰是：要西齊弗推一塊石頭上山。

每天，西齊弗都費了很大的勁把那塊石頭推到山頂，然後回家休息。可是，在他休息時，石頭又會自動地滾下來。於是，西齊弗就要不停地把那塊石頭往山上推。這樣，西齊弗所面臨的是：永無止境的失敗。天神要懲罰的，就是西齊弗的心靈，使他在「永無止境的失敗」命運中，受苦受難。

可是，西齊弗不肯認輸。每次，在他推石頭上山時，他就想：推石頭上山是我的責任，只要我把石頭推上山頂，我的責任就盡到了，至於石頭是否會滾下來，那不是我的事。

再推進一步，當西齊弗努力地推石頭上山時，他心中顯得非常的平靜，因為他安慰著自己：明天還有石頭可推，明天還不會失業，明天還有希望。天神因為無法再懲罰西齊弗，就放他回了天庭。

西齊弗的命運可以解釋我們一生中追求成功所遭遇的許多事情。如果我們能把命運轉換成使命，那麼在很大程度上，我們就能控制自己的命運。既然控制了自己的命運，那還有什麼做不成的呢？

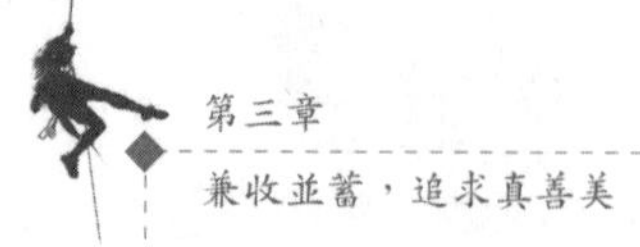

假如鋼琴家一天不練琴

波蘭著名鋼琴家帕德列夫斯基，有一次接受雜誌訪問，談及他的成功之道。

他說：「我認為不斷練習，才能夠精益求精，熟能生巧。」

記者說：「以你大師級的水平，照道理未必要每天練習吧！」

鋼琴家說：「假如我一天不練琴，自己會發覺差別所在；假如我兩天不練琴，樂評人便會發覺差別所在；假若我三天不練琴，連聽眾都發覺差別所在，到那時才急忙補救，就實在太遲了。因此我堅持每天都練習。」

發明家之父愛迪生曾經說過：「天才等於百分之一的靈感加上百分之九十九的汗水。」如果沒有辛勤汗水的澆灌只有靈感，那成功的花朵也仍然不會綻放的。成功的祕訣在於努力、努力、再努力！

天下沒有白吃的午餐

古代有一個國王，很善於治理國家。一天，他想：如果把別人成功的方法編輯成書，然後按照這些成功的方法來做事，不就可以少走彎路，更容易成功嗎？於是他便讓朝廷最聰明的一位老大臣去研究古今中外所有成功人士的成功之道。

幾年以後，大臣編寫了十二本厚厚的書，書裡的內容雖很好，但看完需要很長時間。國王不希望後代浪費太多的時間在這上面，於是讓這位老大臣拿回去再寫。一年後，這位老大臣把十二本書濃縮成一本書送給國王。國王看後，感覺內容還是太多，於是這位老大臣又把這本書再簡化。最後老大臣把一本書濃縮成一句話。

當國王看後非常滿意，感覺這是從古至今所有成功者必須遵循的道理，那句話就是：「天下沒有白吃的午餐。」

一分耕耘，一分收穫。你有怎樣的付出，就會有怎樣的收穫。如果不想付出艱辛的努力，就想獲得成功，那簡直是癡心妄想。

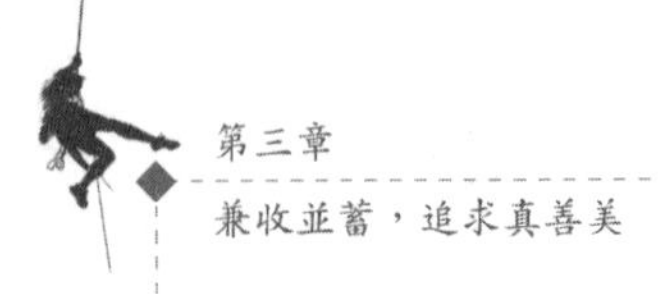

如何擁有一百萬

一位年輕人在大學讀書，有一天他向校長提出了改進大學教育制度弊端的若干建議。他的意見沒被校長接受，於是他決定自己辦一所大學，自己當校長來消除這些弊端。

辦學校至少需要一百萬美元。上哪兒去找這麼多錢呢？等畢業後再賺，那太遙遠了。於是，他每天都在寢室內苦思冥想如何能有一百萬美元。同學們都認為他有神經病，夢想不勞而獲。但年輕人不以為然，他堅信自己可以籌到這筆錢。

終於有一天，他想到了一個辦法。他打電話到報社說，他準備明天舉辦一場演講，題目叫《如果我有一百萬美元》。第二天的演講吸引了許多商界人士。面對台下諸多成功人士，他在台上全心全意、發自內心地說出了自己的構想。

最後演講完畢，一個叫菲利普・亞默的商人站了起來，說：「小伙子，你講得非常好。我決定投資一百萬，就照你說的辦。」就這樣，年輕人用這筆錢辦了亞默理工學院，也就是現在著名的伊利諾理工學院的前身。而這個年輕人就是後來備受人們愛戴的哲學家、教育家岡索勒斯。

生活中無論做什麼事，付諸行動尤為重要。如果說敢想就成功了一半，那麼另一半就是去做。立刻行動，現在就去行動，大量的行動，持續不斷的行動。這樣，你才會成功。

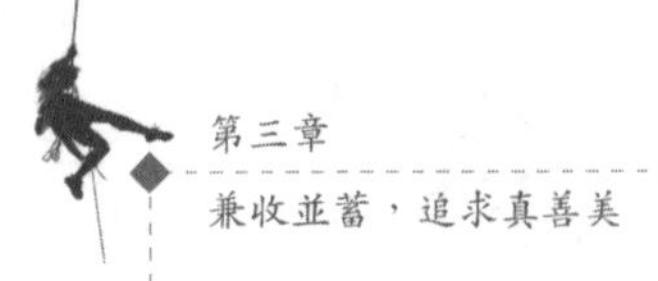

「性情真摯」讓掌聲更熱烈

在一個著名的頒獎典禮上，所有巨星都齊聚一堂。

典禮開始，第一位得獎的女配角走到台上，台下的觀眾都被她的激動情緒感染，也莫名地高亢起來。很快地，得獎人情緒平靜了下來，她說：「辛苦了好久，曾經一度想放棄，但是怎麼也敵不過對表演的熱愛，如今我要說，我以身為一名表演工作者而驕傲。」這番話引來在場所有演員熱情的掌聲。

接著，是一位男演員上台領獎，這位已經六十歲的老牌演員，在某部電影中扮演一個很重要的角色。大家認真地看著這位資深演員，等著他說出得獎感言。

但是，他似乎太過緊張，竟不斷地重複著：「哦，我想……」他拉長嗓門，卻怎麼也無法擠出一個人名來，忽然，他毫不猶豫地說出：「猴子爬得越高，他的紅屁股就越顯眼……」

老演員自我解嘲的方式，獲得在場所有人士的掌聲，接著他又說：「現在我正把自己最糟糕的一面，赤裸裸地呈現，完全不能重拍。」此刻的掌聲，更加熱烈地響起。

最後，獲得最佳女演員的是美國巨星茱莉亞・羅勃茲。

當她優雅地走向領獎台前，每個人都認為她已經習慣領獎的場面，應該會有一番很得體的感言。但是，大家都猜錯了，沒想到她「語無倫次」的情況比任何一個人都要糟，即使她已經在無以計數的鏡頭前演出過，仍然緊張得不得了。激動的手勢、跳躍的詞彙與不斷流下的淚水，每個人都看得動容，一時間掌聲響起，而且較之前更為熱烈、持久。

老演員以自嘲的方式，表示辛苦的付出終於獲得今日的肯定；大嘴美女茱莉亞則以無法言喻的激動情緒，表現辛苦的代價終獲肯定。

因為，生命的歷練不同，每個人對於自己辛苦的付出，各有不同的檢視方式；不管是「自嘲」或「激動」，我們都能看見其中真摯的情感，更看見他們生動而踏實的人生。

當我們認真的付出獲得肯定時，心中的成就感總是無法言喻，那份滿足而踏實的成就感，更是讓人繼續前進的動力。

不投機取巧，不怨天尤人，懂得在人事物雜處的環境中，培養寬容的處世態度，我們的人生才會有真正開花結果的一天。生命越踏實誠懇，我們獲得的機會與掌聲也會更多。

雕花弓

從前有個獵人，射箭的技巧非常精湛，每次村裡的年輕人一同出外打獵，他獵到的動物都最多，大夥兒便封了他一個頭銜，叫「獵王」。

獵王原來用的那把弓，外表平實，很不起眼，有了獵王的頭銜之後，他心想：「我的身價已經跟以前大不相同了，如果再用這把難看的弓，一定會遭人笑話。」於是便把舊弓丟棄了，另外找人製造了一把新弓，上面雕刻了非常精緻的花紋，每個人見了都忍不住要摸一摸，稱讚幾句。獵王更得意了。

有一天，村子裡舉行射箭比賽，獵王帶著美麗的新弓，很神氣地到達比賽地點。輪到獵王出場時，大夥兒都鼓掌喝彩，準備看他一顯身手。

只見獵王拈弓搭箭，才將弦一拉緊，那美麗的雕花弓竟然當場折斷了。在場的人個個哄堂大笑，獵王面紅耳赤，一時羞窘地說不出話來。

我們常以為新的、漂亮的東西就是最好的，其實不然。好比一雙不合尺寸的新鞋子，穿起來一定沒有舊鞋子那麼舒適；同樣的，一棟偷工減料的水泥房子，也未必就比木頭房子來得堅實。使用器具，最重要的不是外表好不好看，而在於它是否能發揮實用的價值。

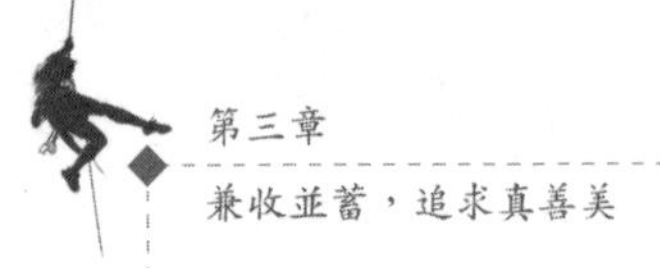

堅守原則就不會迷失

亞雅大學畢業後到現在，已經半年了，但是工作一直找得很不順利。當她走進這間大公司的接待室時，手上拿的號碼牌是第二十七號。

被時間消磨得有點失去信心的亞雅，看著前面應徵的女孩們，總覺得她們各方面一定都比自己強。此刻的亞雅雖然信心不足，卻仍不斷地告訴自己：「希望看似渺茫，但是一定還有機會的，別灰心！」

等到亞雅走進面試房間時，幾乎已經是下班時間了。主考官們個個露出疲態，從詢問年齡、文憑、特長到傳閱個人檔案，一切動作與問話幾乎成了一種例行公事。

最後，其中一位較年長的主審官問：「如果你和客人應酬時，為了公司的利益，要你做出有限度的犧牲，你願意嗎？」

亞雅聽到「有限度的犧牲」時，精神忽然清醒起來，心裡想著：「為什麼要有限度的犧牲？是被人佔便宜嗎？為了立足而放棄自己的原則嗎？」

亞雅仔細地想了想，堅定地站了起來說：「不願意！」

正當她轉身，準備說再見的時候，這位年長的主考官卻朗聲說：「恭喜你，你被錄取了；你是第二十七位應徵者，也是第一個說『不』的人；我們正需要像你這樣，堅持自己原則的人才。」

學做人

其實，在我們身邊這類情況層出不窮，原因很多，就像工作這件事，是為賺錢而工作，還是因為興趣而工作，有多少人清楚自己想要的是什麼？現在做的是什麼？連自己的興趣是什麼都不知道，如何要求他們堅持自己的原則呢？

凡事都有一定的目的與意義，只要確認我們的方向正確無誤，便能堅持自己的原則；即使此刻還在迷宮中跌跌撞撞，我們也不再迷失，會比別人更早一步走出迷陣。

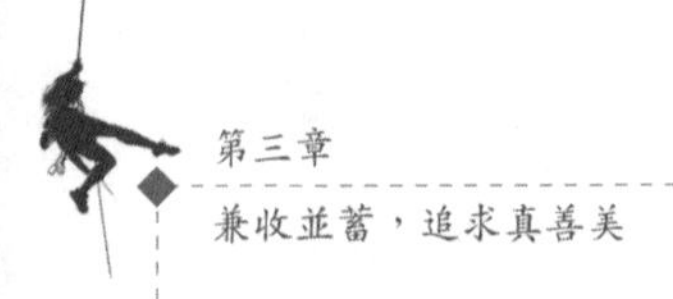

以達觀的態度面對世事

伍登是美國有史以來，最成功的籃球教練，同時他也是一位充分運用「自我暗示」的力量，讓自己成功的佼佼者。

當伍登還是個小男孩的時候，他的父親便時常對他說：「讓每一天都成為你的最佳傑作！」

伍登時時刻刻都記著父親留給他的這句話，不管颳風或下雨，這句話讓伍登的每一天都充滿了活力，而且沒有一天例外。即使是生病，在他的臉上仍然看不出一點病態，全身上下永遠充滿了活力的光芒！

伍登在加州大學洛杉磯分校擔任籃球教練時，十二年之內總共榮獲了十次全國冠軍。當人們問他如何創造這樣輝煌的戰果時，伍登回答說：「我和我的球員，每天都會經歷一個『自我暗示』的過程，而且十二年來從不間斷。」

「什麼叫自我暗示？」人們好奇地問。

伍登說：「每天晚上睡覺之前，我都會對自己說：『我今天表現得最好，明天也會如此，後天也是，永遠都是！』」

人們訝異地問：「只是這樣而已嗎？」

伍登接著用斬釘截鐵地口吻，對著他們說：「讓每一天成為你的最佳傑作，這就是最有效的成功方法。」

學做人

伍登運用自我暗示的方法，每天不斷地激發自己的潛能，這也正是許多心理專家一再強調的「潛意識」。

「每一天」都是伍登的最佳傑作，因為在每一天的開始，潛意識便會釋放出「我今天一定會表現得非常好」的能量，讓伍登能夠樂觀而自信地經營每一個「今天」。

樂觀與積極是自我暗示最重要的導引，只要相信自己，就沒有什麼事是不可能的；只要相信自己，就能夠充滿勇氣地把雙腳跨出去，機會隨時都將現身迎接。

從今天開始，學習伍登在每天睡前的激勵法，告訴自己：「我今天表現得最好，明天也會如此，後天也是，永遠都是！」

作家薩帕林娜曾說：「只有不斷地追求探索，永遠不滿足於已取得的成績的人，生活才是美滿的、有價值的。」

把今天視為生命的最後一天，為了完成那些未完成的夢想，你就會懂得以寬容的心胸原諒那些刻薄的人。因為，當你體認到自己生命的重要，他們就變得微不足道。

機會是不會留給害怕冒險的人

有兩個住在鄉下的年輕人決定出外打工，一個準備到上海，另一個則要到北京去。

兩個人同時坐在大廳等車，這時在他們的耳邊，不時傳來人們的議論，有人說：「上海人可精明了，連外地人問路都要收費呢！」

另外有人說：「聽說北京人比較有人情味，看見沒飯吃的人，不僅會送饅頭給他吃，甚至還會送衣服呢！」

準備到上海打拼的年輕人，聽到人們這麼說，想了想：「幸虧還沒上車，到北京好了，反正賺不到錢也不會餓死。」

而另一位準備到北京去的年輕人卻這麼想：「還是到上海去，居然給人帶路也能賺錢，在那裡一定有很多賺錢的方法；幸虧還沒上車，不然我可失去發財的機會了。」

兩個人同時來到退票處，相互詢問之後，剛好可以交換車票，分別前往北京和上海。

來到北京，果然如人們傳言的那樣，年輕人初到北京的一個月裡，什麼事都沒做，卻每天都能飽餐一頓。他在銀行的大廳喝免費的白開水，在賣場裡有免費試吃，生活就這麼日復一日地度過。

而來到上海的青年，發現上海果然到處都有賺錢的機會，不僅帶路有錢，看廁所也有錢，甚至拿盆水給人也有錢賺，只要腦子多轉轉，再花點力氣，到處都有錢可以賺。

憑著鄉下人對泥土的感情和認識，第二天起，他便在建築工地，向工頭要了十包含有沙子和樹葉的廢土，經過處理包裝後，他以「盆栽土」之名，向上海人兜售。喜歡花朵卻連塊泥地都難得看見的上海人，發現這個新鮮的玩意兒，不禁上前詢問價錢；當天，他在城郊間就往返了六趟，淨賺了五十塊錢。

一年後，他憑著販售「盆栽土」，在上海買下了一間小店面。有一天，他走在街弄裡，忽然發現許多商店樓面很亮麗，但是招牌卻又髒又黑；經過打聽之後，他才知道那些清潔公司只負責清洗門面，卻不負責擦洗招牌。於是，聰明的他立即買了梯子、水桶和抹布，成立一個小型的清潔公司，專門負責擦洗店家的招牌。如今，他的公司已經小有規模，有一百五十位員工，業務也由上海發展到杭州和南京。

這天他搭乘火車，準備到北京考察市場，當他來到北京車站時，有個拾荒者把頭伸進車窗，向他要了一個啤酒罐。就在遞拿瓶子的時候，兩個人相互望了一眼，同時都愣住

了，因為他們同時想起當年兩個人交換車票的那一幕。

兩個年輕人兩種完全不同的結果，其中的關鍵，正是有無冒險的勇氣。機會只會留給勇於冒險的人，那些只顧著害怕擔心的人，即使機會送到他們的面前，仍將白白浪費。

從故事中我們看到，成為北京乞討一族的青年，只是聽說上海居住不易就退縮，連嘗試的勇氣都沒有，以窮困潦倒為結局，似乎早可預知。

而成為上海商人的年輕人，則以不同的角度解讀，明白現實生活的勢利苛刻反而讓他更有鬥志，所以，一下車他的人生便有了全新的開始；在努力求生存的過程裡，他便已經走在成功的道路上了。

一味相信專家的人是傻瓜

城市裡住著一個傻瓜，因為大家都把他看成傻瓜，讓他感到非常苦惱。

有一天，城裡來了一位專門為人解答人生困境的智者，於是，傻瓜便跑去向智者求助。

「你有什麼生命的困境呢？」智者問。

「我不喜歡別人把我看成傻瓜，請問有什麼方法可以讓別人把我看成是聰明人呢？」傻瓜說。

「這非常簡單，從現在開始，不管任何事情，你都給予最多、最無理的批評，特別是對那些美好的事情加以批評，七天以後，大家都會認為你是聰明人了。」

「就這麼簡單嗎？那我該怎麼做呢？」

「例如，倘若有人說：『今晚的月色很美！』你就立刻加以批評，直到別人相信月色對人生無用為止。倘若有人說：『生命中最重要的是愛！』你也要立刻加以批評，直到別人相信愛對人生一點也不重要。假若有人說：『這本書寫得很好！』你仍然要立刻加以批評，直到別人相信人生根本不需要書。」

於是，傻瓜就按照智者教導的去做，不管聽到任何事情，總是立刻跳起來胡亂批評，把他所知道的所有非理性的字眼都傾吐出來，直到別人相信他才停止。七天之後，傻瓜前去探望智者，他的後面跟隨著一千多個門徒，對他畢恭畢敬，並且稱呼他為「大師」。

到底誰是傻瓜？也許會相信這個故事的人就是傻瓜。

英國劇作家蕭伯納說：「有自信心的人，可以化渺小為偉大，化平庸為神奇。」只要你充滿自信，別人就會相信你。但是，所謂的自信並非自傲跋扈，而是不盲目依附於他人。

事先對自己的思緒論點想得透徹，克服所有的弱點和漏洞，當然就能有理有據、言之有物而不空泛；然後，再從別人的反應與辯論之中，虛心接受建議、不斷地修正改善，就能不為眼前的假象迷惑。

真理本來就是愈辯愈明的，如果只是單方面全盤接受，就會使自己成為一味相信別人說法的傻瓜。

我們所要做的，或許就是傾聽、感受別人對我們的看法，誠實地檢討自己，進一步地瞭解自己，然後全力地發揮自己。

適時切斷自己的慾望

有一個神仙下凡閒遊的時候，正好遇見一個凡人在趕路，於是便與凡人結伴同行。

凡人走到一半時突然覺得口渴，他並不知道旁邊的同伴是神仙，只看見他腰間掛著一個葫蘆，於是便開口問道：「你的葫蘆裡面有沒有裝水？」

神仙慷慨地解下腰間的葫蘆，遞給凡人說：「這裡有滿滿一葫蘆的水，你要喝就儘管喝吧！」

凡人喝了葫蘆裡的水之後，不但止了渴，還覺得精神百倍，趕路的疲勞似乎都消除了。

又走了一會兒，凡人突然異想天開地看著葫蘆說：「要是你的葫蘆裡裝的是酒，不知該有多好！」

神仙笑了笑，又把葫蘆遞給了凡人，說道：「裡面是滿滿一葫蘆的酒！你想喝就喝吧！」

凡人半信半疑地接過葫蘆，一喝之下，發現裡面的水竟然都變成了酒，而且香醇無比。

凡人非常驚訝，心裡暗自想道，自己一定是遇上神仙了，不然怎麼可能要什麼有什麼呢？

凡人發覺了這一點，很高興地對神仙說：「你的葫蘆裡要是裝著可以長生不老的仙丹，該有多好！」

神仙聽了凡人的話，便笑著打開葫蘆的塞子。凡人以為神仙要把仙丹倒進自己的口中，於是便張開嘴等著接，沒想到神仙什麼也沒有倒出來，只是搖了搖葫蘆，就這麼消失蹤影了。

俄國文學家克雷洛夫曾經在寓言故事中說：「貪心的人想把什麼都弄到手，最後結果卻是什麼都失掉了。

做事時也是如此，循序漸進一定比毛毛躁躁來得穩當，只有適時切斷自己的慾望，你才能達成更多的願望。

有信念才會活得有意義

在美國紐約，有一位年輕的警察叫亞瑟爾。在一次追捕行動中，亞瑟爾被歹徒用衝鋒槍射中左眼和右腿膝蓋。三個月後，他從醫院裡出來時，完全變了個樣：一個曾經高大魁梧、雙目炯炯有神的英俊小伙子成了一個又跛又瞎的傷殘者。

這時，紐約有線電台記者採訪了他，問他以後將如何面對現在遭受到的厄運呢。他說：「我只知道歹徒現在還沒有被抓獲，我要親手抓住他！」記者看到，他那只完好的眼睛裡透射出一種令人顫慄的憤怒之光。

從那以後，亞瑟爾不顧任何人的勸阻，無數次參與了抓捕歹徒的行動。他幾乎跑遍了整個美國，甚至有一次為了一個微不足道的線索獨自一人乘飛機去了歐洲。

九年後，那個歹徒終於被抓獲了。當然，亞瑟爾是其中非常關鍵的一環。在慶功會上，他再次成了英雄，許多媒體稱讚他是全美最堅強、最勇敢的人。

不久，亞瑟爾卻在臥室裡自殺了。在他的遺書中，人們讀到了他自殺的原因：

「這些年來，讓我活下去的信念就是抓住兇手……現

在，傷害我的兇手被判刑了，我的仇恨化解了，生存的信念也隨之消失。面對自己的傷殘，我從來沒有這樣絕望過……」

是啊，失去一隻眼睛，或者一條健全的腿，都並不要緊。但是，如果你失去了信念，就失去了一切。活著就是一種信念，有信念才會活得有意義。

不要遭到反駁就退縮

有一個學生考上了英國牛津大學的博士班，但是這個學生卻在參加口試的時候，因為教授質疑他的研究計劃，而和教授展開激烈的辯論。

教授大聲地說：「你的研究計劃包含了不下十個錯誤，根本就不是一個合格的研究計劃！」

學生也不甘示弱地反駁：「這只能表示我的研究計劃不成熟，並不表示這個計劃不合格！而且，如果您能接受我成為您的學生，我有信心，一定可以把這個計劃執行得盡善盡美。」

教授很生氣地說：「難道你要我指導一個反對我理論的學生嗎？」

學生回答：「坦白地說，教授，我就是這麼想的。」

口試結束後，學生心想：「牛津大學應該不會錄取我了。」於是他垂頭喪氣地坐在門外等候通知。沒想到，助教在宣佈錄取名單時，竟然出現了這個學生的名字。

名單宣佈完後，教授當著眾人的面對她說：「孩子，雖然你罵了我兩個小時，但是最後我還是決定錄取你。我要你在我的指導下反對我的理論，這樣一來，如果事實證明

你是錯的，我會很高興；如果證明你是對的，我會更高興。」

想要讓別人瞭解自己，首先就必須讓對方明白自己的想法。

不要擔心別人的反駁或質疑，因為只有反駁和質疑才能讓原來想法中的瑕疵消失。

而且，就算說明想法之後還是無法得到認同，至少你努力過，也證明了你不是個遇到困難就退縮的人。

借口，只會證明你的懦弱

湯姆斯住在英格蘭的一個小鎮上，他從來沒有看過海。有一天，他終於有機會來到海邊，可是那天因為天氣的關係，海面上波濤洶湧，並且籠罩著大霧。看到這個情形，湯姆斯心想：「幸好我不是一個水手，當水手真是太危險了。」

後來，湯姆斯在岸邊遇到一個水手，兩個人開始交談起來。

湯姆斯不解地問水手：「你為什麼會喜愛大海呢？海水那麼冷，而且還瀰漫著大霧。」

水手回答：「海不是每天都這樣的，它也有美麗的時候。」

湯姆斯又問：「可是，當水手不是很危險嗎？」

水手耐心地解釋：「當一個人熱愛他的工作時，他是不會想到危險的，而且我們家裡每一個人都愛海。」

湯姆斯很好奇地問：「那你的家人呢？」

水手回答：「我的祖父、父親和哥哥都是水手，而且都因為在海上發生意外而過世了。」

湯姆斯同情地說：「如果我是你，我一輩子都不會靠近海。」

水手反問湯姆斯：「那你願不願意告訴我，你的父親和祖父到底是在哪裡過世的？」

湯姆斯回答：「他們都是在家裡斷氣的。」

「照你的說法，如果我是你的話，」水手說，「我是不是應該永遠也不要回家了？」

在一個沒有勇氣嘗試的人眼中，做任何事情都是危險的，只有願意嘗試的人，才能從危險中看出樂趣所在。

如果你真的不願意勇往直前，不妨直接承認而不要假借各種借口，借口越多，只不過越證明你的懦弱而已，坦率的承認，還比較光明磊落，也比較能得到他人的認同。

敬業，就是脫穎而出的利器

打從布隆伯格被所羅門公司錄用的那一刻起，他就認為自己是所羅門人了。

所羅門公司看重能力，接受異議，對所有員工一視同仁的態度，讓布隆伯格覺得在這個環境中簡直如魚得水、十分滿意。

在當時的華爾街，團體的重要性遠遠超過個人，如果你不是這家公司的創始成員的話，要進入這家公司可不是一件容易的事。布隆伯格很珍惜自己的工作機會，所以除了老闆比利‧所羅門之外，他總是每天第一個上班的員工。因為辦公室都沒有人，所以布隆伯格的存在更讓老闆印象深刻。

布隆伯格在二十六歲時，就成了高級合夥人的好朋友，而且除了最早上班之外，他常常也是最晚下班的。布隆伯格的勤奮使他開始在同事中嶄露頭角，他的機會因此也比別人多了許多。

布隆伯格的敬業精神從學生時代就已經表露無疑。

他曾經在一個小房地產公司打工，和他一起來打工的學生總是遲到早退，心思根本不在工作上。

布隆伯格就不一樣了！他從早上六點半就開始上班，八點之前所有打電話來詢問租房的人，都能立刻獲得滿意的答覆。而其他的人卻一直到九點半才開始工作。

所以，他的態度不但為公司建立了良好的形象，同時也為自己帶來了不少業績獎金。

也許你不能選擇工作，但是你絕對可以選擇讓自己「敬業」或「不敬業」。敬業，是一種態度，一種責任，更是人生命中的一種道德追求。

其實，只要稍微捨棄自己的個人主義，把目前的工作視為向上的階梯，「敬業」就可以成為讓你脫穎而出的利器。

要追求理想，也要兼顧現實

有一個老人，身上背著一個破舊不堪的包袱，臉上佈滿了歲月的痕跡，腳下的鞋子因為長途跋涉而破了好幾個洞。這個老人的外表雖然很狼狽，但眼睛卻是炯炯有神，總是仔細而且專注地觀察著來往的行人。

這樣的一個老人立刻引起當地人的好奇，有個年輕人終於忍不住地問老人說：「請問，您是在尋找些什麼呢？」

老人歎了口氣，緩緩地回答道：「我從你這個年紀開始，就發誓要找到一個完美的女人，然後娶她為妻。於是，我從自己的家鄉開始尋找，經過一個又一個城市，可是一直到現在，都還沒有找到一個完美的女人。」

「找了那麼多年，難道還找不到完美的女人嗎？會不會這個世界上根本就沒有完美的女人存在呢？」年輕人聽完老人的敘述後，認真地問道。

老人斬釘截鐵地回答說：「這個世界上真的有完美的女人存在！我在三十年前就曾經找到過。」

「那麼，您為什麼不娶她為妻呢？」年輕人繼續問。

老人歎了口氣，悲傷地回答：「當時，我立刻就向她求婚了，但是她卻不肯嫁給我。」

「為什麼呢？」

「因為，她也在尋找這個世界上最完美的男人！」

十全十美的人只會出現在小說或電視裡，而不會存在於真實的生活中。因此，與其找一個完美的情人，倒不如尋找一個能夠包容自己缺點的情人，只要能夠互相包容、配合，那麼是不是完美，又有什麼重要呢？

不論待人或處事也是如此，太過堅持完美，只會讓自己變成食古不化的大傻瓜。

每天反思三分鐘

找回童心

小女孩每天都走路去上學。

一天早上天氣不太好。雲層漸漸變厚，到了下午時風吹得很急，不久開始有閃電、雷鳴，一會兒大雨就傾盆而下。

媽媽很擔心女孩會被雷鳴嚇著，甚至被雷打到，趕緊開車沿著上學的路線去找小女孩。

這時，媽媽看到自己的女兒一個人走在街上，每次閃電時，小女孩都停下腳步，抬頭往上看並露出微笑。看了許久，媽媽終於忍不住叫住她的孩子。

媽媽問女兒說：「你在做什麼啊？」

女兒說：「上天剛才幫我照相，所以我要笑啊！」

小女孩單純的可愛，就是這種「單純」之中的快樂，才是我們把人生當成一種不求得失而求其自然明亮的結果。這種孩子般的單純和快樂，你有嗎？

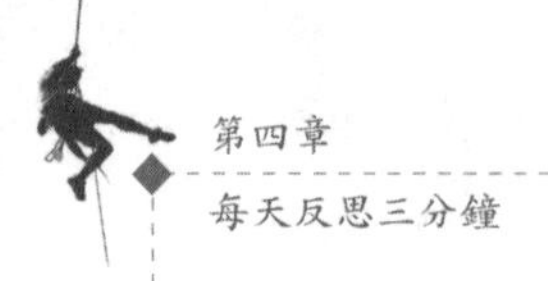

生命的最後三件事

某城市巴士司機黃先生，在行車的途中突然心臟病發作，在生命的最後一分鐘裡，他做了三件事：

第一件事：把車緩緩地停在路邊，並用生命的最後力氣拉下了手動煞車閘；

第二件事：把車門打開，讓乘客安全地下了車；

第三件事：將引擎熄火，確保了車和乘客的安全。

他做完了這三件事之後，才終於趴在方向盤上停止了呼吸。

他只是一名平凡的公車司機。他在生命最後一分鐘裡所做的一切也並不驚天動地，然而許多的人卻牢牢地記住了他的名字。

平凡的崗位平凡的人，我們沒有想過要成為什麼名人、英雄，有點敬業精神、負責任的態度，就是一個合格的社會人。對於世界，就是一個充滿責任的世界。

風光，往往由辛酸堆積而來

一個有錢的富豪十分熱衷藝術，喜歡收集各地的奇珍異寶、文明古物和名家字畫。有一天，他聽說一個畫家的畫功非凡，十分出色，因此不遠千里，專程前去登門造訪，請求畫家為他畫一條龍，好讓他可以懸掛在門廊上。

畫家一口答應了，不過卻請富豪於一年之後再來取畫。

光陰似箭，歲月如梭，一年的時間很快就過去了，富豪再度跋山涉水，來到畫家家裡，問他的作品情況如何。

畫家不慌不忙地走到畫架前，裁度大小適中的紙張，大筆一揮，才一晃眼的功夫，一條騰雲駕霧的飛龍便躍然於紙上，神氣活現，氣勢萬千。

富豪十分滿意，笑得合不攏嘴，不過畫家所提出的報酬卻令富豪一點兒也笑不出來。富豪十分不悅地說：「你只花了幾秒鐘的時間，就輕而易舉地把這幅畫完成了，怎麼還好意思獅子大開口，提出這樣的天價呢？」

畫家聽了面不改色，只是微微一笑，然後推開另外一間畫室的門。

只見那間畫室的每個角落都堆滿了紙，每一張紙都畫滿了龍，有龍頭、龍尾、龍眼睛，甚至有龍身上的鱗片，每

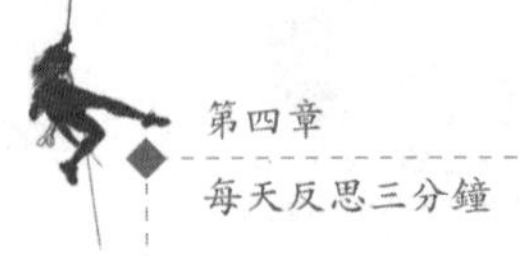

一部分無不細細揣摩，可想見他所花費的心血相當多。

畫家說：「你現在所看見的那條龍，是我花了一整年的時間，苦心練習才研究出來的，用這樣的價錢來換我一整年的時間和精力，應該不算太過分吧！」

「台上一分鐘，台下十年功」，一般人只看得到別人表面的風光，卻忽略了他們背後的辛苦；殊不知，成功不會從天而降，一點一滴，都必須從零累積而來。

在羨慕別人成功的同時，不妨捫心自問：「他比我優越的地方在哪裡？」然後力求改進。如果對方實在沒有超越你的地方，那又為什麼他做得到而你做不到呢？

人的才幹或許尋常，但是只要有不尋常的恆心，就沒有什麼夢想是不能成真的。

有慾望就有希望

在一家醫院裡，一位病人已經病入膏肓，家人也都很痛苦。但醫生仍感覺還有一線生機，便按照平常的慣例來詢問病人：「先生，您想吃點什麼嗎？」

病人搖了搖頭，默不作聲。

「先生，那您有什麼喜好嗎？」醫生想用心理療法來給他治療。

但病人還是搖了搖頭。

「那您對打牌、喝酒，甚至是找女人都沒有興趣嗎？」醫生仍不死心。

這一次，病人用極其微弱的聲音回答道：「沒興趣。」

醫生想繼續問下去，病人的家屬在一邊趕緊說：「醫生，沒有用的，他健康時都沒有什麼愛好，就別說是現在這個樣子了。」

醫生聽了之後，神情一下子憂鬱起來，他歎了口氣，轉身走了出去。

家屬們一看，不明白發生了什麼事情，急忙趕上去追問：「醫生，是不是情況不太好？」

醫生說：「我醫治過成千上萬的病人，每次都是全力以

赴，但這個病人，我想是徹底沒有希望了，因為他是一個失去了一切慾望的人。這樣的人對生活沒有任何留戀，也不會有信心活下去，所以，並不是完全單靠醫生的醫治，就能好轉起來的。」

一個人的靈魂，需要擁有對生活的愛好、追求、慾望，只有這樣，人生才會幸福，也才會有希望。如果靈魂之中沒有了希望和追求，那也就意味著死亡，自然也就無所謂幸福可言。

愛是最偉大的信念

早晨，一個婦人一開門就看到三個陌生的老者坐在她家門前，好像很餓的樣子。婦人便請他們進屋吃東西。

「我們不能一同進屋。」老人說。

「那是為什麼？」

一個老人指著同伴說：「他叫財富，他叫成功，我是愛，你現在進去和家人商量商量，看看你們需要我們哪一個。」

婦人回去和家人商量後決定把愛請進屋裡。誰知，愛起身朝屋裡走去，另外兩位也跟在後面。

婦人很驚訝，問財富和成功：「你們兩位怎麼也進來了？」

老人們一同回答：「哪裡有愛，哪裡就有財富和成功。」

愛是最偉大的信念。人們最為寶貴的財富是真情、是愛。只有心中有愛，你的工作和生活才會有熱情，也才有意義，財富也自然隨之而來。

心靈的溫暖

有兩隻鴕鳥感到非常絕望，因為每次只要蹲坐在他們剛生下來的蛋上，身體的重量就把它們壓碎了。

有一天，他們決定去向父母請教，他們的雙親居住在大沙漠的另一端。他們跑了好多日好多夜，最後到達老母親的巢。

「媽媽，」他們說：「我們是來向您請教該怎樣孵蛋的，每次我們一坐在蛋上，它們就破碎了。」

他們的母親聽完，回答道：「你們應該用另一種溫暖。」

「那是什麼？」年輕的鴕鳥問道。

於是，他們的母親告訴他們：「那就是心靈的溫暖，你們應該以無限的愛望著你們的蛋，心裡想著裡面每一個細小的生命都正在成長，警覺和耐性就會令他們醒來的。」

兩隻年輕的鴕鳥動身回家，當雌鳥生下一隻蛋，他們就滿懷愛心地守望著它，從不放鬆警惕。直到兩隻鴕鳥都精疲力竭之際，那蛋開始格達格達作響，裂了開來，一隻小鴕鳥的頭從蛋殼裡探出來了。

心靈的溫暖是最高境界的溫暖。強力能夠劈開一塊盾牌，甚至毀滅生命。但是，只有心靈的至愛才具有無與倫比的力量，使人們敞開心扉。

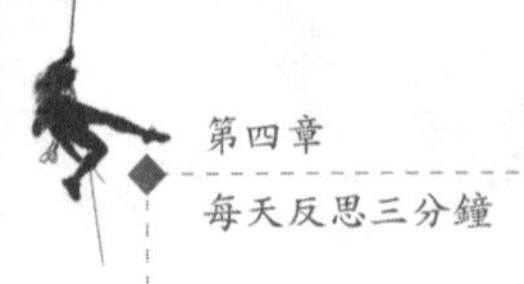

別讓讚美掩蓋本質

山雞聽說長頸鹿蓋了一座豪宅，森林裡的動物紛紛去參觀，個個都稱讚：「這房子，真氣派！」

山雞見狀，非常羨慕。連忙回家，將自己的草屋拆掉，費盡力氣修了與長頸鹿同樣的庭院高房，以為這樣山雞會變鳳凰。

沒想到他真的變成了鳳凰，所有的動物都前來祝賀，惟獨山雀沒到。當大家讚歎時，山雞很是得意。

冬天到了，山雞住在自己冰冷的家中，縮成一團。不過，只要有人來看房，牠便裝做一副輕鬆愉悅的模樣。

這時山雀到了，見屋內很冷，便勸道：「不要總為別人活，要為自己活，愛慕虛榮，最終吃苦的是自己！」

山雞非但不聽，反而振振有詞地教育山雀：「山雀畢竟是山雀，你總跳不出自己的圈子，目光短淺，怎麼能成大事，應當不斷追求卓越！」

天氣一天天變冷，山雞一天天挨凍，但只要一想起別人的讚美，便又無怨無悔，最終凍死在讚美聲中。

光想著別人對你的讚美是不利於自己的成長的，你還要時時記起別人對你的大聲忠告。虛榮會被名利所累。惟有淡化虛名，探求事物本質，才能為自己真實地活著。

那一絲真情最為寶貴

一個黃昏，靜靜的渡口來了四個人，一個富人，一個當官的，一個武士，還有一個詩人。他們都要求老船夫擺渡過河。

老船夫捋著鬍子說：「把你們的特長說出來，我就擺渡你們過去。」

商人掏出白白的銀子說：「我有的是金錢。」

當官的不甘示弱：「你要擺渡我過河，我可以讓你當一個縣官。」

武士急了：「我要過河，否則……」說著揚揚握緊的拳頭。

「你呢？」老船夫問詩人。

「唉，我一無所有，可我如不趕回去，家中的妻子兒女一定會急壞的。」

「上船吧！」老船夫揮了揮手，「你已經顯示了你的特長，這是最寶貴的財富。」

詩人疑惑著上了船：「老人家，能告訴我答案嗎？」

「你的一聲長歎，你臉上的憂慮是你最好的表白，」老人一邊搖船一邊說，「你的真情流露是四人中最寶貴的。」

心靈的真誠是人性最可寶貴的底蘊。真誠相對，則會有如沐春風，如晤故人之感。權勢、金錢、武力不是萬能的，它們在世間真情、真意、真心面前是蒼白無力的。

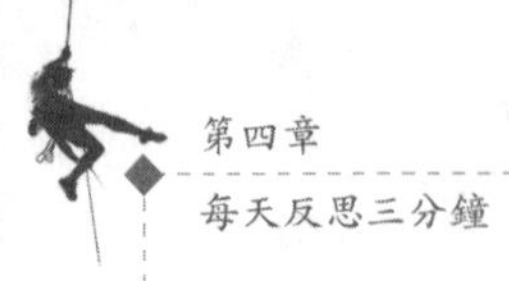

幸福不是擁有一百萬

一對青年男女雙雙步入了婚姻的殿堂，甜蜜的愛情高潮過去之後，他們開始面對日益艱難的生計。妻子整天為缺少財富而憂鬱不樂，他們需要很多很多的錢，一萬，十萬，最好有一百萬。可是他們的錢太少了，少得只夠維持最基本的日常開支。

她的丈夫卻是個很樂觀的人，他不斷尋找機會開導妻子。

有一天，他們去醫院看望一個朋友。朋友說，他的病是累出來的，常常為了賺錢不吃飯不睡覺。

回到家裡，丈夫就問妻子：「假如給你錢，但同時讓你跟他一樣躺在醫院裡，你要不要？」

妻子想了想，說：「不要。」

過了幾天，他們去郊外散步。他們經過的路邊有一幢漂亮的別墅。從別墅裡走出來一對白髮蒼蒼的老者。

丈夫又問妻子：「假如現在就讓你住這樣的別墅，同時變得跟他們一樣老，你願意不願意？」

妻子不假思索地回答：「我才不願意呢。」

他們所住的城市破獲了一起重大搶劫案，主嫌搶劫現鈔超過一百萬，被法院判處死刑。

罪犯押赴刑場的那一天，丈夫對妻子說：「假如給你一百萬，讓你馬上去死，你幹不幹？」

妻子生氣了：「你胡說什麼呀？給我一座金山我也不幹！」

丈夫笑了：「這就對了。你看，我們原來是這麼富有：我們擁有生命，擁有青春和健康，這些財富已經超過了一百萬，我們還有以勞力來創造財富的雙手，你還愁什麼呢？」

妻子把丈夫的話細細地咀嚼了一番，也變得快樂起來。

人生的財富不僅僅是錢財，它的內涵很豐富，錢財之外還有很多很多，還有比錢財更重要的。可惜，世間有很多人看不到這一點，許多煩惱由此而生。他們難與幸福結緣，卻常常要和不幸結伴同行。

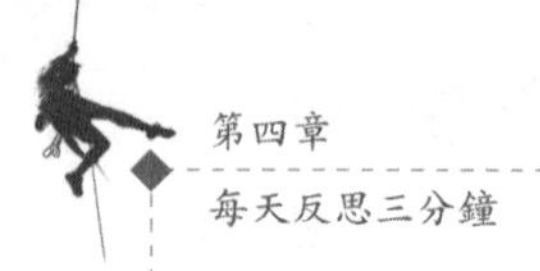

有錢並不等於幸福

有一位傾國傾城的美貌少女，因一心迷戀錢財，貪圖安逸的生活，答應嫁給一個富商。這個富商跟她爺爺差不多老，整天只知道發財賺錢。

新婚時，少女生活在紙醉金迷、花天酒地的生活裡。後來，她的內心充滿了空虛，豪華的宮殿、盛大的宴會再也提不起她的精神了，整天以淚洗面，悲苦難言。後來她的朋友問她：

「你那麼年輕貌美，生活一定很幸福吧？」

「哪裡，事事不順心，事事都爭議。」

「難道就沒有一致的時候嗎？」

「有，那次家裡失火，我們倒是一齊跑出來的。」

看來，錢並不等於幸福，人生真正的幸福和歡樂浸透在親密無間的家庭關係中。因而，有錢不一定幸福，幸福不一定需要太多的錢。

承擔起生命的職責

一隻少年雄雞守候在奄奄一息的父親身旁。

「孩子，我已經不行了，」老雄雞說，「從今以後，每天早晨呼喚太陽的職責，要由你來承擔了。」

少年雄雞點點頭，傷心地注視著慢慢閉上了眼睛的父親。

第二天一早，少年雄雞飛上穀倉的屋頂，臉朝東方，高高地挺立著。

「我必須設法發出最大的啼鳴聲。」牠昂起頭來，放開喉嚨啼叫。但是，牠發出來的卻是一種缺乏力量的、時斷時續的嘎嘎聲。

這天太陽沒有升起，烏雲佈滿天空，濕淋淋的毛毛細雨下個不停。飼養場上的所有動物都氣壞了，跑來責怪少年雄雞。

「真是倒霉透了！」豬叫道。

「我們需要陽光！」羊也叫起來。

「雄雞，你必須啼叫得更響一些！」公牛說，「太陽離我們有九千三百萬英里遠，你的叫聲那麼細小，它聽得見嗎？」

過了一天，少年雄雞又一早就飛上穀倉的屋頂。臉朝東方，深深地吸了一口氣，接著伸長脖子，放開喉嚨大聲啼叫。牠這次發出的啼鳴聲非常洪亮，在雄雞啼鳴史上是空前的。

「吵死人了！」豬說。

「耳朵都要震破了！」羊叫道。

「頭都要聽炸了！」公牛抱怨說。

「對不起，」少年雄雞說，「但是我是在盡自己的職責。」

但牠心裡非常自豪，因為牠看見了，在那遙遠的東方，一輪紅日正從叢林後面冉冉升起。

承擔起生命的職責來，責任讓弱者變強，讓強者更強。沒有風浪，就沒有帆的本色。促使成功的最大嚮導，就是從自己的錯誤中所得來的教訓。

雕琢你心中的美人

一位雕刻家正在一刀一刀地雕琢一塊尚未成型的大理石，一個小男孩好奇地在一旁看著他。

不一會兒，雕像逐漸成形。頭部、肩膀、手臂、身軀，接著頭髮、眼睛、鼻子、嘴巴……，一個美麗的女人出現在面前。

小男孩萬分驚訝地問雕刻家：「你怎麼知道她藏在裡面呢？」

雕刻家哈哈大笑，他告訴孩子：「石頭裡原本什麼也沒有，是我把我心中的女人用雕刻刀給搬到這裡來了。」

小孩子天真無邪，他不懂得雕刻藝術。然而現實中許多成人也會有著與小孩一樣的思維：他們以為成功的果實就擺在那裡，讓一些人偶然發現而已，卻忘了要成功，一則心中要有完整的「美人」，二則要用手中的「刀」一下一下地去雕刻。

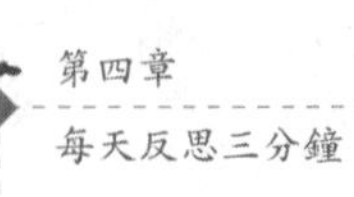

花販的哲學

一位花販說：幾乎是所有的白花都很香，愈是顏色艷麗的花愈是缺乏芬芳。人也一樣，愈樸素單純的人，愈有內在的芳香。

一位花販說：夜來香其實白天也很香，但是很少聞得到。因為白天人的心太浮了，聞不到夜來香的香氣。如果一個人白天的心也很沉靜，就會發現夜來香、桂花、七里香，連酷熱的中午也是香的。

一位花販說：清晨買蓮花一定要挑那些盛開的。因為早上是蓮花開放最好的時間，如果蓮花早上不開，可能中午和晚上都不開了。看人也是一樣，一個人在年輕的時候沒有志氣，中年或晚年就更難有志氣了。

一位花販說：愈是昂貴的花愈容易凋謝，那是為了要向買花的人說明：珍惜青春呀，因為青春是最名貴的花，最容易凋謝。

每一株玫瑰都有刺，每一朵花都有它絢麗的地方。正如每一個人的性格中，都有他人所不能容忍的地方，也都有可愛的地方。其實，生活就像洋蔥，一片一片地剝開，總有一片會讓我們流淚。那麼我們最初的追尋，是為了什麼？要尋找多久？能不能最終得到，是不是真的有那麼重要？

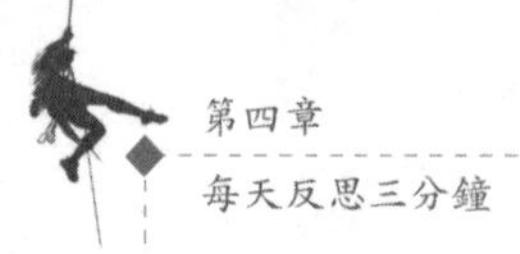

大染缸

墨子是古代的一個學者，他的學說主張兼愛和勤儉，跟儒家不大相同，自成一派，稱作「墨家」。

有一天，墨子率領學生經過一家染廠，看見主人把一縷一縷潔白的絲丟進染缸裡，絲立即變了顏色。墨子看了，非常感慨地說：「絲本來是多麼純潔呀，可是丟到紅色的染缸裡，就變成紅色；丟到藍色的染缸裡就變成藍色；我們人在一出生的時候不也是很純潔嗎？可是卻因為後天的影響，就變得形形色色，成為各式各樣不同的人了。」

每一個人在入世之初都是一縷純潔的白絲，而環境則是一個大染缸，好的環境就像一個色彩明朗的染缸，染出來的絲明艷耀眼；不好的環境卻像一個色彩混濁的染缸，染出來的絲黯淡無光。絲一經染過，再怎麼洗也不能恢復本色了。

謙遜的貝羅尼

十九世紀的法國名畫家貝羅尼，有一次到瑞士去渡假，但是每天仍然背著畫架到各地去寫生。

有一天，他在日內瓦湖邊正用心畫畫，旁邊來了三位英國女遊客，看了他的畫，便在一旁比手畫腳地批評起來，一個說這兒不好，一個說那兒不對，貝羅尼都一一修改過來，末了還跟她們說了聲「謝謝！」

第二天，貝羅尼有事到另一個地方去，在車站又看到昨天那三位婦女，正交頭接耳不知在討論些什麼。過一會兒，那三個英國婦女也看到他了，便朝他走過來，問他：「先生，我們聽說大畫家貝羅尼正在這兒渡假，所以特地來拜訪他。請問你知不知道他現在在什麼地方？」

貝羅尼朝她們微微彎腰，回答說：「不敢當，我就是貝羅尼。」

三位英國婦女大吃一驚，想起昨天的不禮貌，一個個紅著臉跑掉了。

學做人

才識、學問愈高的人，在態度上反而愈謙卑，希望自己能精益求精，更上一層樓，也正因為如此，他們往往具有容人的風度和接受批評的雅量。

聽人家說的

張三有一天對李四說：「有個人家的老母雞一次生一百個蛋。」

李四不相信：「那有這樣的事？」

張三便說：「那麼是兩隻母雞。」

李四說：「也不可能。」

張三又說：「三隻。」李四還是不信，張三便一隻一隻的增加。

最後李四厭煩了：「你為什麼不減少蛋的數目呢？」

張三說：「我聽來的消息是一百個蛋嘛！」李四便不理他了。

不料張三又開口說：「聽說上個月天上掉下一塊餡餅來，長三十丈，寬十丈。」

李四說：「那有這樣的事？」

張三改口說：「那麼就是二十丈長。」

李四又說：「不可能。」

張三再說：「那麼是十丈。」

李四很生氣，罵他說：「天底下長十丈的餡餅你看過沒？還有你方才說的老母雞，你見過沒？」

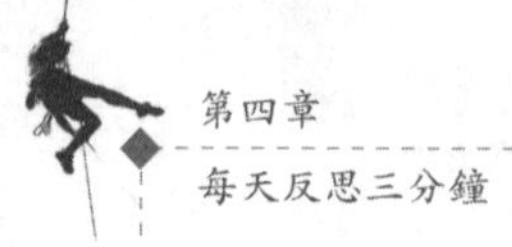

張三很不好意思地回答說：「沒有，我是聽人家說的。」

一件事傳來傳去，到最後一定和原來的事實相差甚遠。因為講的人不見得記得完整，而聽的人又往往會聽錯；同時傳話的人或多或少都會加油添醋，如此多經過幾個人的口和耳，自然就變樣了。

我們在聽到一個消息之後，一定要經過證實才能取信，否則一再地錯下去，就變成散播謠言了。

大公無私

春秋時代，魯國有個叫祁黃羊的官吏，為人正直公正。有一天，魯平公問他說：「南陽縣缺少了一個縣長，你看派誰去比較好？」

祁黃羊回答：「派解狐去最適合。」魯平公聽了非常驚訝，便問他：「咦！解狐不是和你有仇嗎？你為什麼還要推薦他去？」

祁黃羊回答說：「您只問我什麼人最合適，並沒問我解狐是不是我的仇人呀！」

於是魯平公便接受他的建議，派解狐去當南陽縣長。解狐到任後，果然替地方上的人做了不少好事，當地的百姓都很稱讚他。

祁黃羊雖然和解狐有仇，但是當魯平公徵求祁黃羊的意見時，祁黃羊並不記掛私仇，完全公事公辦地推薦解狐。祁黃羊這種大公無私的精神，正是我們要學習和效法的。

眼見不為實

孔子的一位學生顏回在煮粥時，發現有骯髒的東西掉進鍋裡去了，就連忙用湯匙把它撈起來，正想把那一湯匙得粥倒掉時，忽然想到，一粥一飯都來之不易啊。於是便把它吃了。

剛巧孔子走進廚房，以為他在偷食，便教訓了顏回。經過解釋，大家才恍然大悟。

孔子很感慨地說：「我親眼看見的事情也不確實，何況是道聽塗說呢？」

佛說五官為五賊。我們的感官雖然能捕捉到信息，但在確認之前，一定要經過大腦的嚴格審核，方能確信。經過大腦過濾的信息也不能肯定就是正確無誤的，因為自己的判斷經常會被自身的認知所侷限。

什麼樣的人最快樂

英國《太陽報》曾以「什麼樣的人最快樂」為題，舉辦了一次有獎徵答活動，從應徵的八萬多封來信中評出四個最佳答案：

一、作品剛剛完成，吹著口哨欣賞自己作品的藝術家；

二、正在用沙子築城堡的兒童；

三、為嬰兒洗澡的母親；

四、千辛萬苦開刀後，終於挽救了病人的外科醫生。

要使自己成為快樂的人，從第一個答案中，我們知道必須工作，有工作，就會使人快樂；第二個答案告訴我們，要學會快樂，必須充滿想像，對未來充滿希望；第三個答案告訴我們，要學會快樂，一定要心中有愛——並且是無私的、不計報酬的愛；第四個答案告訴我們，要學會快樂，一定要有能力，要有助人為樂的技能。

只有這樣的人，世人才會給他最美妙的報償，正所謂予人快樂予己快樂。

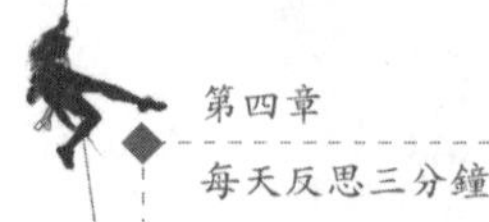

工作、希望、愛和能力，是帶來快樂的四個法寶。想想，我們不畏辛勞，努力追求的是什麼？

奇妙的一盆花

一對夫婦開車經過一間鄉下的餐廳，停下來用餐時，太太借用化妝室。她一進化妝室便看見一盆盛開的鮮花，擺在一張舊式但卻非常雅緻的木頭桌子上。洗手間裡收拾得很整齊，可說是一塵不染，這位太太在使用過之後，主動地把洗手台擦拭得乾乾淨淨。太太回到車上前，對餐廳的老闆說，那些鮮花可真漂亮。

「這位太太，你知道嗎？我在那裡擺鮮花，已經有十多年了。你絕對想不到那小小的一盆花替我省了多少清潔工作。」老闆得意地說道。

用一點巧心，就可以使我們所處的環境更美好，畢竟乾淨的環境人人都不想破壞，但如果是一個髒亂的地方，只會變得更加的紊亂。

讓我們常保一顆乾淨的心靈，以致一點污穢都能立即察覺，同時也因此能和那些心靈高尚的人彼此影響。

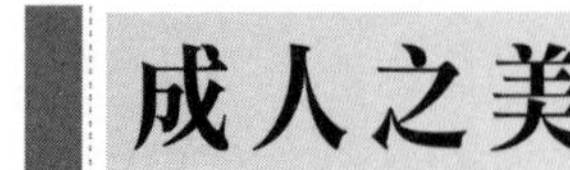

成人之美

第一次登陸月球的太空人其實共有兩位，除了大家所熟知的阿姆斯壯外，還有一位是奧德倫。

在慶祝登陸月球成功的記者會中，有一個記者突然問奧德倫一個很特別的問題：「由阿姆斯壯先下去，成為登陸月球的第一個人，你會不會覺得有點遺憾？」

在全場有點尷尬的注目下，奧德倫很有風度地回答：「各位，千萬別忘了，回到地球時，我可是最先出太空艙的。」

他環顧四周笑著說：「所以我是由別的星球來到地球的第一個人。」

大家在笑聲中，都給予他最熱烈的掌聲。

學做人

成功不必在我，團隊的成功就是我的成功，你會不會欣賞同事的成就呢？你會不會願意從心裡給別人熱烈的掌聲？

「成人之美」不但是一種修養，更是一種美德。

真誠帶來好的運氣

一天夜裡十二點，一位黑人婦女在高速公路上忍受著傾盆大雨的抽打。她的汽車壞了。非常需要有人幫忙。抱著試試的想法，她敲了路旁一戶人家的門。那是充滿種族歧視和衝突的六〇年代。

開門的是位白人婦女，問明情況後，她讓黑人婦女進到屋裡，幫她烤乾衣服，並留她住宿了一晚。第二天，白人婦女又找人修好了汽車，送她離去。這一切，讓黑人婦女感動得熱淚盈眶。

一晃幾年時間過去了，白人婦女似乎已淡忘了此事，但她的家庭卻正處於前所未有的經濟危機，已經三餐不繼了。正當她焦頭爛額之時，卻意外地收到了一筆巨額匯款，附言上寫道：親愛的羅茜太太，非常感謝你那晚在高速公路上伸手相助。像你這樣好心的人，一定會有好報的，上帝祝福你！」

學做人

很多時候，給別人一次機會，也就等於給自己一次機會，生活青睞真誠——真誠會為我們的生命帶來好的運氣，因為誰都不會希望自己被別人欺騙。

最後的晚餐

據說，達文西在繪製那幅有名的《最後的晚餐》時，曾在米蘭大教堂找來一個年輕瀟灑的唱詩班男子，他有一雙明亮的眼睛和一副溫柔善良的面孔，達・芬奇曾以他作為畫耶穌像的模特兒。

這幅畫畫了多年遲遲沒有完成。有一天，達文西路過貧民窟的一家小酒吧門口，一個人站在那裡，那人的眼睛充滿詭詐、狡猾，還有一臉的貪婪，滿身都是酒味。他終於找到了一個完全合他意的模特兒，這人十足是猶大的翻版（猶大是出賣耶穌的門徒）。

達文西以給他報酬為條件，很快地吸引那人來到畫室，他預備以那人為模特兒畫猶大。

當他正要開始作畫時，達文西好奇地問道：「我們是否曾見過面？」

一陣沉默後，那人扭捏地說：「是的，幾年前我就是你畫耶穌的模特兒……」

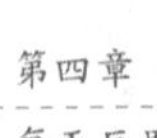

俗話說：相由心生。隨著歲月的洗禮，心在變，臉在變，同樣的人已變成另外一個人。我們所要做的就是無論容顏如何隨著季節變化，但我們純潔的心永遠不變。

關鍵是你在聽嗎？

一個八歲的小男孩在地上，表情認真而又凝重。路人很奇怪，問他在幹什麼。

他抬起頭說：「過來，你聽螞蟻說話的聲音！」

路人笑了笑，說不可能。

男孩還是很認真地說是真的，路人笑了笑走了過去，留下滿身是土的小傢伙。

其實天地是那樣的大，那樣的安靜，細細的微風捲過枝葉的聲音，簡單而又動聽。大地脈搏躍動的聲音，低沉而又渾厚。空中遙遠而又清脆的鳥鳴聲，這一切都曾在我們像男孩一般大時出現過。那時候，我們不也是一樣這麼用心在聽嗎？

在我們一年年長大的同時，我們的感知卻在一天天地衰退。我們再也看不見藍藍的天空，棉花似的雲彩，再也聽不到螞蟻說話的聲音。我們從小長到現在，聽到的只是簡單的聲音，卻少了內心的參與。

你在聽嗎？當你長大到只能以現實來衡量感官的同時，你的內心還保有最單純的初衷嗎？我們很悲哀地發現，長大後我們常常只能聽見那種用物理名詞分貝來描述的聲音了。但只要用心去聽，其實仍然能聽到螞蟻說話的聲音，關鍵是你在聽嗎？

大鬍子警察與少年犯

一個大鬍子警察拘捕了一個少年犯。

當另一個警察準備替少年犯戴上手銬時，大鬍子警察說：「銬在他的袖口外邊。」他一邊說，一邊用手扯了扯少年犯衣袖口，這樣，那個冰冷的鐵器就不會直接接觸少年犯稚嫩的手腕。

這個大鬍子警察平時給人印象是個很嚴厲的人，犯人都怕他。但他在替少年犯戴上手銬的那一刻，卻讓人感到他的善良，他對生命的尊重和關注。

看似嚴厲的外表下卻有一顆善良的心，記掛著如何才能使幼小的心靈不會留下冰冷的回憶，使不小心走上岔路的少年能返回正道。對於生命的尊重和關注，是人間之愛至深的泉源。多一份善良就多一份真情啊！

將真話說到底

在一片沼澤地裡棲居著一群大雁。每當夜晚睡覺時，都要派一個大雁站哨，以防獵人偷襲。

有一個獵人在沼澤邊點燃火把，等站哨的大雁看到火光而發出鳴叫時，獵人立刻將火把投入到水中。

每當獵人點燃火把時，站哨的大雁就會鳴叫以喚醒同伴，火把被獵人投入水中熄滅，被驚醒的大雁們以為是受了站哨大雁的欺騙，於是就群起而攻之。

到後來，等獵人再次點燃火把時，站哨的大雁就不敢再鳴叫示警了。這就給了獵人一個機會，趁著大雁熟睡之際輕而易舉地將牠們全部抓住。

將真話說到底。不能因為暫時的外界否定就放棄說真話，這種放棄所付出的代價將是慘重的。

深水無聲

一天上午，父親邀兒子一同到林間漫步，兒子高興地答應了。父親在一個彎道處停了下來。在短暫的沉默之後，他問兒子：「除了小鳥的歌唱之外，你還聽到了什麼聲音？」

兒子仔細地聽，幾秒鐘之後回答父親：「我聽到了馬車的聲音。」

父親說：「對，是一輛空馬車。」

兒子問他：「我們又沒看見，您怎麼知道是一輛空馬車？」

父親答道：「從聲音就能輕易地分辨出是不是空馬車。馬車越空，噪音就越大。」

後來兒子長大成人，每當他看到口若懸河、粗暴地打斷別人的談話、自以為是、目空一切、貶低別人的人，他都感覺好像是父親在自己的耳邊說：「馬車越空，噪音就越大。」

馬車越空，噪音就越大。深水無聲。以此來品人和人生，都別有一番滋味。

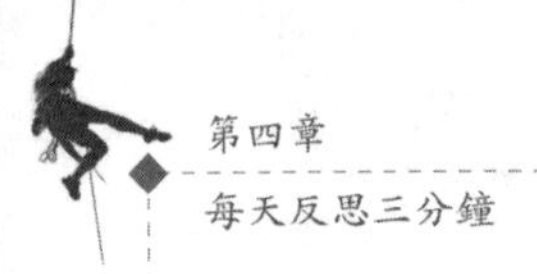

用莊稼代替雜草

一位哲學家帶著一群學生來到一片草地上坐下來。

哲學家問：「現在我們坐在什麼地方？」

學生們答：「草地上。」

哲學家說：「曠野裡長滿了雜草，現在我想知道，如何才能除掉這些雜草。」

學生們眾說紛紜，有的說用火燒；有的說用鏟挖；有的說……

哲學家站起來說：「等你們回去，按照各自的方法除去一片雜草，沒除掉的，一年後再來相聚。」

一年後大家都來了，不過原來相聚的地方已不再是雜草叢生，而是一片長滿穀子的田地，可是哲學家始終沒有來。

後來哲學家去世了，學生們在整理哲學家的遺物時，發現在哲學家的文章裡最後寫到：要想剷除曠野的雜草，方法只有一種，那就是在上面種上莊稼。同樣，要想讓靈魂無憂，惟一的方法就是用美德去佔據它。

哲學家的意思一定是這樣的。改掉壞習慣最好的方法就是建立好習慣，並設法堅持下去。現在的教育應該是一種習慣養成教育，因為習慣決定命運。

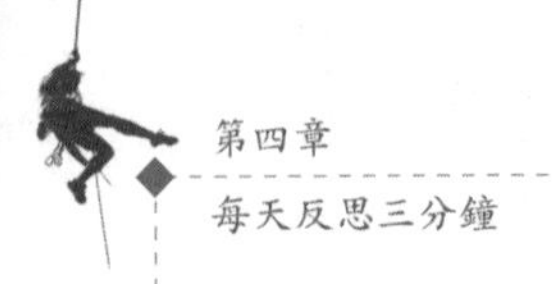

用真善解圍

一天深夜，一個男子在地鐵車站盯上了一位婦女。

他尾隨她在一個偏僻的小車站下了車。此時，夜深人靜，他準備就在那裡伺機強姦。他加快腳步，趕上了這位婦女。不料這位婦女突然轉過身來，以十分誠懇而又信任的口氣對他提出請求，說是天黑人少，一個單身女子趕路太不安全了，她很高興能碰上他，並請求他送她一段路。

這位婦女的舉動，使他一時不知所措，只得很茫然地點頭答應了。一路上，婦女把他當成熟人般聊著天，絲毫沒有加以防備的意思，使得這個原想作案的男子，不知不覺地將她一直送到了家門口，而始終沒有採取任何非禮的行動。

事後，這個人回憶說，他原來是想對她實施暴行的，但由於這個女人的舉止行動，喚醒了他的人性，從而打消了罪惡的念頭。

故事中的女士情急之下採用的方法，喚起了那位先生恢復人性善的一面，也救了自己。這位婦女運用的就是感化對方、以柔克剛的辦法，替自己避免了一場災禍。

避免片面

一次，一頭豬鑽進一座富麗堂皇的大宅院中，隨心所欲地在馬廄和廚房周圍遊逛一圈，在污泥中打滾，在髒水中洗澡。後來玩罷回家，一副不以為然的樣子。

「嗨，你去哪了？」同伴問牠。

「去財主家轉了一圈。」

「人家說，有錢人家的住宅裡都是金銀珠寶，東西也一件比一件精美。」

「我向你保證他們在胡說八道。」這頭豬哼哼唧唧地說道，「我根本沒看見什麼珠寶——全是泥污和垃圾。你也可以想像到我不會吝惜鼻子，因為我把那整個後院的泥土都翻遍了。」

以偏概全，忽視客觀。每個人都會從自己的角度建立起自己的評判標準，但千萬不要只看到其中一面就下結論。

5

親愛的頭顱

親愛的頭顱

一位九十三歲高齡的富翁，病得很嚴重。身邊的侍者天天在照顧他吃藥、打針，但這位老爺仍覺得一切都將結束，眼前一片茫茫然，似乎不知自己身在何處。

有一天，一位隱士提供給老爺一個祕方：將名字復誦，就可長生不老！老爺聽話照做，突然發現自己的名字已「消失」了近八十年。平常因為尊卑的緣故，沒有人敢叫他的原名，只有「賈董事長」這個高貴的代號。當他憶起自己的名字叫「賈真」時，居然熱淚滂沱。久違了，那個真正的自己。他似乎第一次用自己的手摸到了心跳。

富翁請來六個僕人，在閣樓上日夜不停地輪流復誦他的名字：賈真、賈真……就這樣日復一日地念著。有一天，他的身體竟然真的開始變化——身體逐漸康復，而且日漸年輕，生命彷彿獲得重生。

是啊，世間有許多誘惑，如桂冠、權貴，但那都是身外之物，只有生命最真。世間有許多斗笠、雨傘和帽子，其實永遠都不會改變的是你親愛的頭顱啊。

圓滿與缺憾

國王有五個女兒，這五位美麗的公主是國王的驕傲。她們那一頭烏黑亮麗的長髮遠近皆知，所以國王送給她們每人一百個漂亮的髮夾。

有一天早上，大公主醒來，一如既往地用髮夾整理她的秀髮，卻發現少了一個髮夾，於是她偷偷地到了二公主的房裡，拿走了一個髮夾。

二公主發現少了一個髮夾，便到三公主房裡拿走一個髮夾；三公主發現少了一個髮夾，也偷偷地拿走四公主的一個髮夾；四公主如法炮製拿走了五公主的髮夾；於是，五公主的髮夾只剩下九十九個。

第二天，鄰國英俊的王子忽然來到皇宮，他對國王說：「昨天我養的百靈鳥叼回了一個髮夾，我想這一定是屬於公主們的，而這也真是一種奇妙的緣分，不曉得是哪位公主掉了髮夾？」

公主們聽到了這件事，都在心裡想：是我掉的，是我掉的。可是頭上明明完整地別著一百個髮夾，所以都懊惱得很，卻說不出。只有五公主走出來說：「我掉了一個髮夾。」

少了一個髮夾的五公主披散著一頭漂亮的長髮，王子不由得看呆了，決定和公主一起過幸福快樂的日子。

人不總是因為擁有了全部而幸福，相反卻因失去而美麗。為什麼一有缺憾就拚命去補足呢？一百個髮夾，就像是完美圓滿的人生，少了一個髮夾，這個圓滿就有了缺憾；但正因缺憾，未來就有了無限的轉機、無限的可能性，這何嘗不是一件值得高興的事！

兩隻貪婪的老虎

有兩隻老虎，一隻住在籠子裡，一隻住在野地裡。

籠子裡的老虎三餐無憂，野地裡的老虎自由自在。兩隻老虎經常親切的與彼此交談。籠子裡的老虎總是羨慕外面老虎的自由，外面的老虎卻羨慕籠子裡的老虎安逸。

一日，一隻老虎對另一隻老虎說：「咱們來交換吧。」另一隻老虎同意了。於是，籠子裡的老虎走進了大自然，野地裡的老虎走進了籠子。

從籠子裡走出來的老虎高高興興，在曠野裡拚命地奔跑；走進籠子裡的老虎也十分快樂，因為牠再也不用為食物而發愁。

但不久，兩隻老虎都死了。一隻是飢餓而死，一隻是憂鬱而死。從籠子中走出的老虎獲得了自由，卻沒有同時獲得捕食的本領；走進籠子的老虎獲得了安逸，卻沒有獲得在狹小空間生活的心境。

許多時候，人們往往對自己的美麗熟視無睹，卻覺得別人的美麗很耀眼。想不到，別人的美麗也許並不適合自己，更想不到，別人的美麗也許正是自己的墳墓。

珍珠與斑點

有一個人非常幸運地獲得了一顆碩大而美麗的珍珠，然而他並不感到滿足，因為那顆珍珠上面有一個小小的斑點。他想，若是能夠將這個小小的斑點剔除，那麼它肯定會成為世界上最最珍貴的寶物。

於是，他就下狠心削去了珍珠的表層，可是斑點還在；他又削去第二層，原以為這下可以把斑點去掉了，然而它仍舊存在。他不斷地削掉了一層又一層，直到最後，那個斑點沒有了，而珍珠也不復存在了。那個人心痛不已，並由此一病不起。臨終前，他無比懊悔地對家人說：「如果當時我不去計較那一個斑點，現在我的手裡還會握著一顆美麗的珍珠啊！」

生活中那些迷上整容的人們就是這樣啊！如果當時不去弄掉那個痣，不挖空心思地模仿美麗，她說不定也是別人眼中的美女啊。白璧微瑕，正是由於那一點瑕疵才讓璧玉如此珍奇。

歲月能留住的

古時候，衛國有一位叫彌子瑕的人，長得很漂亮，深受衛國國君喜愛。當時衛國有一條法律，無論是誰，如果沒有得到允許而乘坐國君的馬車，就要處以斬去雙腳的刑罰。

有一次彌子瑕的母親患了重病，有人在半夜裡趕來把消息告訴了他。於是他當晚偷乘國君的馬車，趕去看望母親。事後，國君不僅沒有懲罰他，而且還誇獎了他的孝心——誇他為了看望母親，甚至願冒被砍掉雙腳的危險。

後來還有一次，他和國君在花園裡嬉戲玩耍。他咬了一口桃子覺得特別甜，便把它讓給了國君吃。國君又讚美了他——他是多麼愛國君啊，願意把最好的東西讓出來。

但是，隨著彌子瑕的美貌漸漸消失，國君開始冷淡他了。

最後，彌子瑕無意中冒犯了國君，國君就說：「是不是有一次你未經允許就乘坐了我的馬車？是不是你還曾把吃剩的桃子給我吃？」

歲月能留住的，不是玉頰紅唇，而是於心中翻湧的美德。內心的美比外在的美更為重要。外表美只能取悅一時，內心美方能經久不衰。這是亙古不變的真理。

為自己的美麗上保險

英國有一名女士為自己年輕美麗的外表買了一份保險。根據保單上的協議，在未來十年之內，如果她的丈夫以她變醜了不再有吸引力為由離開她，保險公司將賠付十五萬美元。當然，為了做到公平，她漂不漂亮也不能由丈夫一人說了算，而是由十個與她丈夫一樣同為建築工人的男人來投票決定。

原來，這個名叫妮可的女士今年二十六歲。她與先生理查德是八年前在地中海的一個渡假勝地相識的。妮可美麗的面容、金色的秀髮和修長的身材一下子就迷住了理查德，很快，兩人就墜入愛河。

結婚後，兩人一直相親相愛，但自從生了孩子後，妮可開始擔憂起來，因為理查德常開玩笑說：如果有一天妮可變醜了，他就要離開她。越來越擔心的妮可於是想出這條「妙計」，到英國一家著名的保險公司為自己的美麗買了一份保險。在未來十年時間內，妮可每年付三百美元的保險金。同時，一旦妮可不再美麗，保險公司將賠付足夠的保險金來為她提供保養及整形等服務。

保險公司可從來沒有賣過「美麗險」，但他們還是決定滿足妮可的要求。有人認為保險公司為「美麗」保險，絕對是賠定了，因為有誰能保證青春不老、美麗常在呢？但保險公司發言人卻解開了人們的疑團。

「據我們瞭解，妮可愛她的丈夫，她才不希望與丈夫離婚來獲取這筆保險金呢。她認為婚姻的價值遠遠大於那十五萬美金。」

有誰能保證青春不老、美麗常在呢？世界上沒有絕對的保險，有的是自己對現在的珍惜。給美麗保險，又何嘗不是自己對心靈容顏青春永駐的一種承諾呢？

施比受更有福

一隻小螞蟻在河邊喝水，不小心掉了下去。它用盡全身力氣想靠近岸邊，但沒一會兒就游不動了，在原地打轉。小螞蟻近乎絕望地掙扎著。這時，正在河邊覓食的大鳥看見了，同情地看著可憐的小螞蟻，然後銜起一根小樹枝扔到牠旁邊，小螞蟻掙扎著上了樹枝，終於脫險回到岸上。

當小螞蟻躺在河邊草地上曬乾時，聽到了一個人的腳步聲。一個獵人輕輕地走過來，手裡端著槍，準備射殺那隻大鳥。小螞蟻迅速地爬上獵人的腳趾，鑽進他的褲管，就在獵人扣板機的瞬間，小螞蟻咬了他一口。獵人一分神，子彈打偏了。槍聲把大鳥驚起，振翅飛遠了。

儘管螞蟻是比大鳥弱小許多的小動物，但它卻用自己的力量幫助大鳥躲過一次殺身之禍。

一件微不足道的小事或許可以改變你的一生，有許多小人物也會幫上你的大忙。施比受更有福，在全心地賦予，無條件地捨棄自己以後，才會得到比捨棄更多的回報。無心而充滿友善的舉止行為，將獲得不可預想的喜悅。

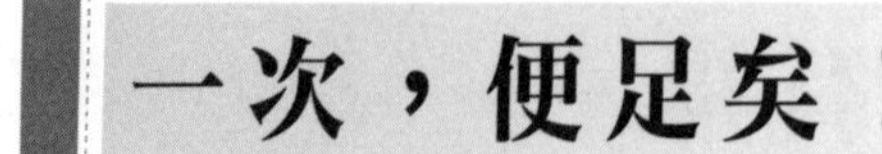

一次，便足矣！

在非洲的戈壁沙漠上有一種叫做依米的小花。花呈四瓣，每瓣自成一色：紅、白、黃、藍。它的獨特並不止於此，在那裡，一般必須是根系龐大的植物才能很好地生長。而它的根卻只有一條，蜿蜒盤曲著插入地底深處。

通常，依米花要花費五年的時間來完成根莖的扎根工作，然後，一點一點地積蓄養分，在第六年春，才在地面吐綠綻翠，開出一朵小小的四色鮮花。尤其讓人惋惜的是，這種極難長成的依米小花，花期並不長，僅僅兩天便隨母株一起香消玉殞了。

依米花以其獨特的生命方式向世人昭告：生命只有一次，美麗只有一次。一次，便足矣！一次的青春容顏，一次的勇往直前，一次的轟轟烈烈，一次的無悔人生。

誰說小海星微不足道

一個人到海灘上散步，看見許多海星被早潮衝上海灘，當潮水退去的時候，牠們被留在了海灘上。如果這些海星被正午毒辣的陽光照射到的話，將會很快死去。當時因為是剛剛退潮，所以絕大部分的海星都還活著。

那人向前走了幾步，撿起一條海星，把牠丟進了海裡。他就這樣不停地撿啊撿，又一條條扔回海裡。

有人正走在他的後面，不理解這個人為什麼這麼做，於是就追上問：「你在幹什麼？海灘上有成千上萬條海星，你能夠救幾條？救不救又有什麼區別？」

這個人並沒有直接回答他的問題，而是又向前走了幾步，撿起一條海星，把牠丟進水裡，然後轉過頭來說道：「對這條海星來說，撿不撿有很大區別。」

勿以善小而不為，勿以惡小而為之。積小善終成大德，積小成終成大功。有很多人壯志滿懷地準備著做一番大事業，卻不屑於認真做好身邊的每件小事。他們不明白：任何偉大的事業都是由諸如「撿一條海星」這樣的小事組成的。

專家，只是訓練有素

宋朝有個人名叫陳堯咨，是個聞名於世的射箭高手，他也十分為自己的箭術感到自豪，經常當眾表演。

有一次，陳堯咨在旁人的起鬨下，找了一塊市集旁邊的空地表演射箭，只見他不僅箭箭正中紅心，而且支支穿透箭靶，出神入化的箭術果然名不虛傳。

旁觀的人無不大聲拍手叫好，以無比欽羨的眼光投向陳堯咨，只有一位賣油的老人沒有拍手，只是淡然的看了他一眼，好像是認為他的射箭技術沒什麼了不起。

一向被人捧上天的陳堯咨看到了老人的反應，不免有些不服氣，他逕自走向賣油的老人，問道：「老先生，請問您也會射箭嗎？」

老人搖了搖手說：「我並不會射箭，不過我知道，箭射得再好也不過是手法熟練而已，沒什麼特別的。」

陳堯咨哪裡禁得起這番羞辱，頓時怒火中燒，衝口便說：「豈有此理！既然你不會射箭，又怎麼能批評我的技術呢？」

賣油的老人聽了並不生氣，他拿起一個盛油的葫蘆放在地上，在葫蘆口上放了一個銅錢，然後舀起一勺油，不慌不忙地把油從錢眼中倒進葫蘆裡。一勺油倒完了，銅錢上卻連一滴油也沒沾到，眾人無不嘖嘖稱奇，連陳堯咨也不由得甘拜下風。

此時，老人舉起了葫蘆，笑著對陳堯咨說：「彫蟲小技何足掛齒，不過是熟練罷了。」

通常爬得越高的人，越是虛懷若谷。

一般人常為自己的一點成就感到滿足，並且洋洋得意，怠於追求更大的成就。所謂驕者必敗，一個人的成就就像滾雪球一般，不斷地努力往前推，它就會越滾越大，一旦停了下來，雪球便會溶化，那些「小時了了，大未必佳」的人就像溶化的雪球一般，不進則退。

成功如同過眼煙雲，稍不留神便失去了蹤影，真正了不起的人，永遠不會對自己滿意，因為他們知道，唯有繼續往上爬去，才能真正擁有得來不易的成功。

懶惰是危險的慢性病

街角住著一群小貓，其中有一隻叫做「凱蒂」的貓，原本是隻家貓，由於和主人不小心走散了，才淪落為流浪貓。也因此，凱蒂始終戒不掉好吃懶做的習慣，成天躲在樹陰下乘涼，惟一的專長就是睡覺。

秋天過去了，天氣逐漸轉涼，同伴們意識到又濕又冷的冬天即將來臨，連忙出外尋找一些樹葉或廢棄的紙箱，設法替自己安置一個溫暖的小窩，以抵擋連綿的陰雨和呼嘯的北風，只有凱蒂仍然成天做夢，忙著偷懶，一點也不為即將來臨的寒冬著急。

「過兩天再擔心吧！看今天天氣多好，不用來睡覺實在太可惜了。」凱蒂總是把這些話掛在嘴邊。

日子一天天過去，冬天的腳步來臨了，其他的貓全躲進自己溫暖的小窩中，只有凱蒂瑟縮在街邊，緊靠著牆角，冷得直打哆嗦，於是牠下定決心，明天就替自己建造個新家。

到了第二天，太陽又露出了笑臉，把地面曬得暖烘烘的，凱蒂趴在角落，又開始睡牠的大頭覺了。

別的貓兒急忙提醒牠，牠卻懶洋洋地說：「急什麼！昨天凍得我沒睡好，現在先補個眠再說吧！」

夜裡，寒流來襲，大雪紛紛飄落至地面，凱蒂冷得連叫都叫不出來，四周沒有一個能遮風擋雨的地方，等到天亮的時候，凱蒂已經沒有知覺，再也無法醒來了。

「明天，明天，不是今天。」這是懶惰的人最喜歡說的話。

明天之後永遠還有明天，你的事情永遠也做不完。懶惰是一種慢性病，無法靠吃藥打針治療，對你而言懶惰或許不算什麼，但是嚴重起來卻足以要人命，古今中外，你曾聽說有哪位成功人士是懶惰的嗎？

偶爾的偷懶無可厚非，就當給自己放一天假，然而一旦成為了習慣，你就會連無論如何必須在今天完成的工作，都拖延到明天。最後，就如同凱蒂小貓一樣，讓一時的放縱換來終身的遺憾，你認為值得嗎？

別讓你的天才變成你的悲哀

兩隻大雁鳥和一隻小鴨子由於整個夏天都一起在池塘邊玩耍，因此成了莫逆之交。

不過好景不常，轉眼秋天將至，雁鳥必須回南方過冬，三個好朋友面臨了分離的命運，感到十分捨不得，大夥兒抱頭痛哭。

雁鳥向小鴨子說：「如果你也能飛上天，跟我們一起回南方，那該多好啊！我們就不必分開了。」

小鴨子靈機一動，想到了一個絕妙的好點子，它找來一根樹枝，讓兩隻雁鳥用嘴銜住樹枝的兩端，自己再叼住樹枝中間，這樣一來，只要大雁鳥一飛，小鴨子也就可以跟著飛起來了。

經過幾次實驗之後，大家都覺得這個方法十分可行，於是三個好朋友決定一塊兒飛往南方，出發之前，小鴨子向兩隻大雁鳥千交代萬交代，絕對不可以鬆口。

就這樣，牠們浩浩蕩蕩地出發了，兩隻大雁鳥和一隻小鴨子在空中飛行。這景象引起了其他動物的注意，大家開始議論紛紛：「哇！你看，鴨子居然也能在天上飛，真羨慕啊！要是我也能飛上天就好了。」

驚歎的聲音來自四面八方，此起彼落，小鴨子越聽越高興，身體也跟著飄飄然起來，心想要不是自己聰明絕頂，想出了這個主意，其他動物哪裡可以見識到這種奇觀呢？

正當小鴨子自得其樂的同時，馬上就聽見了有人問：「是誰這麼聰明，想出了這麼棒的主意呢？」

小鴨子聽了，心裡更加得意非凡，忘了雁鳥的交代，張開嘴大聲地回答說：「是我想……」話還沒說完，小鴨子就「咚」的一聲，從高空中掉下來了。

席勒曾經說過：「真正的天才不能有絲毫做作，有了做作，便算不得是天才了。」

聰明的小鴨子為了一時虛榮而前功盡棄，賠上了自己的生命。在現實世界中，虛榮的代價也許沒有這麼大，然而對一個人所造成的損失，往往是難以估量。

再怎麼有才能的人，如果以自己的才能為傲，不停地誇耀自己，那麼他的天才只會為自己帶來悲哀。

譁眾取寵的人容易自曝其短

一九四四年十月，美國經過了一場血戰，才從日本人的手中奪回了菲律賓群島。而移往澳洲四年的太平洋戰區司令部，也正準備遷回菲律賓。

毫無疑問的，遷師之日將被視為太平洋戰爭的一項里程碑，更是全世界矚目的焦點。而身為戰區總司令的麥克阿瑟則更是激動，決定藉著這次勝利，炫耀自己的威武雄姿。

十月二十日這天，在雷特島的海灘上，果然站滿了翹首期待的人群。接近中午時，麥克阿瑟將軍的專機終於出現在天際，激動的人群也張大了嘴巴，準備高聲歡呼。然而，就在這個時候，飛機卻在半空中停頓了一下，接著竟然停落在距離岸邊還有一百米的海面上。

當大家正想搞清楚發生什麼事的時候，突然，機門開啟，一個熟悉的身軀出現，嘴上還悠然地銜著煙斗，肩上五顆將星在陽光下閃閃動人，而這位將軍站在廣闊的海面上，更顯得神祕與自信。

麥克阿瑟將軍完全無視於腳下的海水，他緩緩地走下了舷梯，只是等他站定後，海水已淹沒到他的腰際。

只見他嘴角微微地動了一下，原本掛在臉上的笑容忽然沉了下來，只剩下露出水面的上半身，開始在一片靜默聲中慢慢前進。當麥克阿瑟將軍一隻腳踏上了岸，便立刻振臂高呼：「勝利的彼岸，我們回來了！」這時，群眾們才猛然想起自己到這兒來的目的，於是紛紛跟著呼喊，一時之間歡聲雷動。

這就是麥克阿瑟將軍費盡心思的傑作，他原意是希望飛機降落在及膝的海面上，然後涉水登岸，藉以象徵在他的率領下，美軍從海上保衛戰轉為向日本本土的進攻戰。

雖然將軍的的確魅力不同凡響，但大家激情過後，卻發現將軍下半身濕透的模樣頗為滑稽可笑，反而像是打了一場敗仗的逃兵。之所以會造成這個情況，是因為潮汐的變化，海水原本預計只到膝蓋的深度，忽然間漲到了腰際！

即使麥克阿瑟將軍在歷史上已有一定的地位，但是當他全身濕透，並刻意地製造天神降臨般的威勢時，人類的愚昧與無知，全被他大剌剌地表現出來了。

一個只想著譁眾取寵的人，不管他多有才華，也不管他有多麼崇高的身份地位，終究因過度求表現而自曝其短。

那麼，到底應該如何表現出自己的獨特之處呢？

用最平實的方法表現吧！大智若愚的人經常給人驚艷，謙虛內斂的人總是讓人欽服，太過刻意地營造自己的不平凡，反而更容易讓人發現你的缺陷和致命傷。

改變食古不化的想法

某日，一位被眾人視為白癡的人對天才說：「你猜，我的牙齒能咬住我的左眼睛嗎？」

天才盯著白癡看了幾眼，篤定地說：「絕對不可能啊！」

白癡說：「那，我們來打個賭！」

天才認為這絕對是不可能的事，於是同意打賭，但只見白癡將左眼窩裡的假眼球取出丟進口中，用上下牙齒咬著。

天才嚇了一跳，說道：「沒想到，真的可以呀！」

白癡又說：「那你信不信，我的牙齒也能咬住我的右眼睛？」

天才說：「不可能的！」他心想，難道這個傢伙兩隻眼睛都是假的？這絕對不可能，否則他就看不見東西了。

於是，兩人再次打賭，只見白癡輕易地把假牙拿下，往右眼一扣。

天才再度吃驚了，說：「沒想到，真的可以呀！」

你說，到底誰才是白癡呢？

其實，在這個社會上，對於白癡和天才的定義有很大的雷同之處。

第一、他們的人數不多。

第二、他們都異於常人。

第三、有時候所謂的天才想法，在沒試成功之前，其實看來都很白癡；反之，很多白癡單純執著的舉動，最後卻能激發出天才的靈感。

像愛迪生小時候就曾被視為白癡，還讓家人擔憂了好一陣子，可見得天才和白癡只有一線之隔。

所謂天才的想法，有時候因為太過驚世駭俗，超過凡人的想像太多，所以根本無法被接受，甚至遭到排斥。

但究竟誰才是真的白癡呢？

無法被人接受的點子，或是被人視為天真、愚蠢的想法，真的毫無用處，只是浪費時間嗎？恐怕並不是如此吧。

保持一顆純真、無污染的心，以單純與開闊的態度來面對生活難題，並不丟臉。別把自己的腦子加上了大鎖，人類就是需要揚棄自己腦中食古不化的觀念，多以開放的心來接納外界的訊息，才能彼此良好地互動，激盪出創意的火花。

停止反省，等於停止進步

安利是美國知名的消費品製造商，擁有超過一百萬名獨立經銷商的全球直銷網絡，而且旗下所販售的產品超過四千三百種。

更驚人的是，安利所有的商品都是透過上門推銷和郵購的方式銷售，年營業額高達數十億美元。

安利是由狄韋斯和傑文・安黛爾兩人共同創立的。狄韋斯在讀高中時，遇到了傑文・安黛爾，兩個年輕人有著相同的夢想、希望和目標，就這麼開始了一起創造事業的過程。

五〇年代末，他們在自家的車庫裡展開了他們的事業。後來雖然遭遇過許多挫折，但兩人從不放棄，並且彼此扶持、鼓勵，經過長時間的努力之後，終於演變成現在的安利。

當媒體詢問狄韋斯的經營之道時，狄韋斯認為，那些夢想擁有自己事業的人，最後往往只看重管理事業，而不是繼續成長。

大多數公司之所以會垮，是因為原本的創立者忘了繼續進步的重要，只陶醉在公司眼前的繁榮景象。

如果要繼續進步的話，就不能忽略時時自我反省。

白手起家的人固然值得欽佩，但是「守成」的人則更為重要。

要想維持成功的話，停滯不前非但無法維持原有的成績，反而是一種退步，甚至會導致瓦解。

所以，無論任何企業，都必須隨著時代脈動調整步伐，並且在不斷的流動中反省，才能讓企業的價值越來越高，根基也扎得越來越穩固。

承認犯錯，才有機會補救

格里在西爾公司當採購時，曾經犯下了一個很大的錯誤。

該公司對採購業務有一項非常重要的規定：採購總額不可以超支自己的採購配額！如果配額用完了，那麼便不能採購新的商品，要等到配額撥下後才能進行採購。

在某次採購季節中，有一位日本廠商向格里展示了一款很漂亮的手提包，格里身為採購員，以他的專業眼光來看，認為這款手提包一定會成為流行商品。可是，這時格里的配額已經用完了，他突然後悔起自己之前不應該衝動地把所有的配額用光，導致現在無法抓住這個大好機會。

格里知道自己現在只有兩種選擇：一是放棄這筆交易，雖然這筆交易肯定會帶給公司極高的利潤；二是向公司主管承認自己的錯誤，然後請求追加採購金額。

格里決定選擇第二種方法。他一進主管的辦公室，就對主管坦承：「很抱歉，我犯了個大錯。」然後將事情從頭到尾解釋了一遍。

雖然主管對格里花錢不眨眼的採購方式頗有微詞，但還是被他的坦誠說服了，並且撥出需要的款項。

結果手提包一上市，果然受到消費者熱烈的歡迎，成為公司的暢銷商品，而格里也因為這次的超支學到了教訓，並且從中獲得寶貴的經驗。

當你發現自己發生錯誤時，補救遠比掩飾犯錯還重要！

只要你不隱瞞自己的錯誤，這個錯誤不但可以彌補，說不定還可以幫助自己更上一層樓，結果還會比沒犯錯時更好。

一旦犯了錯，就要有承擔責備的心理準備，因為自己做錯了。如果因為害怕被責備而不願意承認錯誤，結果就可能是失去更多的大好機會。

嚥下怨氣，才能爭氣

阿光今年剛從大學畢業，他學的是英文，自認為無論聽、說、讀、寫，對他來說都只是雕蟲小技。

由於他對自己的英文能力相當自豪，因此寄了很多英文履歷到一些外商公司去應徵，他認為英文人才是就業市場中的績優股，肯定大家都搶著要。

然而，一個禮拜接著一個禮拜過去了，阿光投遞出去的應徵信函卻了無回音，猶如石沉大海一般。

阿光的心情開始忐忑不安，此時，他卻收到了其中一家公司的來信，信裡刻薄地提到：「我們公司並不缺人，就算職位有缺，也不會僱用你，雖然你認為自己的英文程度不錯，但是從你寫的履歷看來，你的英文寫作能力很差，大概只有高中生的程度，連一些常用的文法也錯誤百出。」

阿光看了這封信後，氣得火冒三丈，好歹也是個大學畢業生，怎麼可以任人批評得一文不值。阿光越想越氣，於是提起筆來，打算寫一封回信，把對方痛罵一番，以消除自己的怨氣。

然而，當阿光下筆之際，卻忽然想到，別人不可能無緣無故寫信批評他，也許自己真的太過自以為是，犯了一些自己沒有察覺的錯誤。

因此，阿光的怒氣漸漸平息，自我反省了一番，並且寫了一張謝卡給這家公司，謝謝他們指出了自己的不足之處，用字遣詞誠懇真摯，感激之情表露無遺。

幾天後，阿光再次收到這家公司寄來的信函，他被這家公司錄取了！

證嚴法師曾說：「一般人常說，要爭一口氣，其實，真正有功夫的人，是把這口氣嚥下去。」

人往往只看得見別人的過錯，看不見自己的缺失，面對別人的指責，也常不加自省，反倒以惡言相向來掩飾自己的心虛。

言者無意，聽者有心，一切在於你如何用心來面對人生的挫折，你可以反駁別人的批評，斥責別人的無知，但這樣並不會使你在別人心目中的地位提高，反而得不償失。

只有痛定思痛、反求諸己的人，才可以化干戈為玉帛，知過能改勝過學富五車，千金也難買。

千萬別當「半桶水」

有一位滿腹經綸的學者，為了瞭解禪學的奧妙，不遠千里去拜訪一位禪師。禪師在桌上準備了兩隻斟滿茶水的杯子，然後便坐下，開始講解佛學的精義。

這位學者聽著聽著，覺得其中某些話似曾相識，好像也不是什麼高深的理論。他曾聽人說這位禪師道行高深，從他的話語中能夠得到很多啟發，但是交談之下並不覺得他有什麼特殊之處，於是認為這位禪師不過是浪得虛名，騙騙一般凡夫俗子而已。

學者越想越覺得心浮氣躁，坐立不安，不但在禪師的講道中不停地插話，甚至輕蔑地說：「喔，這個我早就知道了。」

禪師並沒有出言指責學者的不敬，他只是停了下來，拿起茶壺再次替這位學者斟茶，儘管茶杯裡的茶還剩下八分滿，禪師卻沒有把杯子裡的茶倒出，只是不斷的在茶杯中注入溫熱的茶水，直到茶水不停地從杯中溢出，流得滿地都是。

這位學者見狀，連忙提醒大師說：「別倒了，杯子已經滿了，根本裝不下了。」

禪師聽了放下茶壺，不慍不怒地說：「是啊！如果你不先把原來的茶杯倒乾淨，又怎麼能品嚐我現在倒給你的茶呢？」

猜一猜，一個桶子裡裝了多少水，搖起來的聲音會最響亮？

答案是半桶水。

認為自己肚子裡沒有半點墨水的人，是最虛心求教的那一種；肚子裡已經裝滿水的人，則是最深藏不露的那種；只有半桶水的人，最容易膨風自大，走起路來叮噹響。

自以為聰明的人，往往做出最愚蠢的事，即使肚子裡有半桶水，也毫無作用，不如那些連一點水也沒有的人。因為，有自知之明的人會努力為自己裝水，日積月累之後，肯定裝得比半桶水還多。

將對死亡的反思提前

納德・蘭塞姆是法國最著名的牧師。無論在窮人還是富人心目中他都享有很高的威望。在他九十高齡的一生中，他有一萬多次親自到臨終者面前，聆聽他們的懺悔。在他的人生後期，納德・蘭塞姆想把他的六十多本日記編成書，內容全是這些人的臨終懺悔，但法國里昂大地震毀了所有日記，因而作罷。

納德・蘭塞姆去世後，被安葬在聖保羅大教堂，他的墓碑上清楚地刻著他的手跡：假如時光可以倒流，世界上將有一半的人可以成為偉人。

納德・蘭塞姆老了，他沒有將另一層意思說出來。他真正想表達的是：如果人們提前五十年、四十年、三十年對死亡進行反思，那麼世界上會有一半的人可以成為偉人。

每個人最後的反思，不到那最後一刻，誰也不知道。但是每個人都可以把反思提前幾十年，做到了這點，便有百分之五十的可能讓自己成為一名了不起的人。

不注意小事，就沒機會做大事

一位剛從餐飲學校畢業的青年，透過朋友的介紹，到一家高級餐廳應徵廚師的工作，主廚和這位青年約定星期三的早上九點，到餐廳來進行面談，然後帶他去見餐廳的老闆。到了星期三早上，這位青年睡過了頭，九點十分才到達餐廳，但是主廚卻忙著指揮廚房，沒有時間接見他了。

過了幾天，這位青年再去求見主廚，請他再給一次機會，主廚問起他之前失約的原因，青年理直氣壯地回答說：「我並沒有失約啊！只是遲到了一會兒，等我九點十分來的時候，你已經在忙其他的事了。」

「我記得我和你約定的時間是九點。」主廚提醒他。

青年自知理虧，支支吾吾地說：「我只不過遲到十分鐘而已，應該也沒什麼大不了吧！」

主廚看見青年強詞奪理，絲毫沒有悔意，於是嚴厲地說：「遲到十分鐘和遲到一小時並沒有什麼差別，因為遲到就是遲到，不只是浪費了我的時間，也會令人看輕你的

人格。做菜的時候，如果多燒個十分鐘，菜就會燒焦。做人也是同樣的道理。因為你不能準時，我們餐廳也已經在同一天應徵了另外一個廚師。你因為十分鐘而失去了一份你想要的工作，應該也沒什麼大不了吧！」

十分鐘，看似沒什麼大不了，實際上，卻反應出了一個人的品行、人格，這也是別人評價你的準則。

俗話說得好：「小事不成，何以成大事？」

見微知著的不只是事情，對人也一樣，一些壞習慣之所以如影隨形、積弊日深，皆因為它們在一開始時都只是小事。

在你眼中的小事，卻可能是別人心中的大事，寧可多下點工夫，在小事上著手，也不要他日悔不當初，連做大事的機會都沒有。

缺點永遠長在別人身上

有一天，天神說：「所有的動物們聽好，如果有誰對自己的相貌或形體不滿意，今天都可以提出來，我會儘量幫你們修正。」

於是，天神轉身對猴子說：「猴子過來吧！你先說，你和他們比較之後，你認為誰最完美呢？你對自己的外形滿意嗎？」

猴子回答說：「我啊！我覺得我的四肢完美，相貌更是無可挑剔，所以我十分滿意啊！要跟其他動物比較的話，我倒覺得熊老弟的長相挺粗笨的，如果我是他的話，這輩子我再也不要看見自己這個蠢模樣！」

這時，大熊蹣跚地走過來，大伙都認為他也會這麼認為。可是，沒想到他卻開始吹噓起自己，不僅認為自己外表威武雄壯，還不客氣地批評起大象。他說：「你們看一看大象老哥吧！雖然他十分壯碩，但是尾巴那麼短，耳朵又太大，身體根本笨重得毫無美感可言！」

老實的大象聽到大熊這番話，雖然沒有辯駁，卻批評起其他的動物：「以我的審美觀來看，海中的鯨魚比我肥胖多了，而螞蟻則太過渺小！」

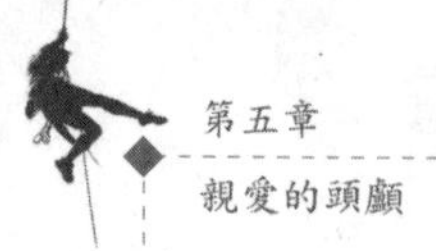

這時，小螞蟻搶著說：「微生物才渺小呢！和他們比較起來，我簡直就像一隻巨象一樣！」

大殿前，沒有一隻動物懂得反省自己，全都在互相批評與指責對方，更沒有一個動物肯承認自己的不足。

天神無奈地搖了搖頭，只好揮手叫他們離開。

當你口沫橫飛地指責別人的缺點和不是時，能及時看見自己也踩在錯誤的紅線上嗎？

批評容易自省難，對許多人來說，缺點永遠長在別人的身上，而自己的過錯卻可以用很多種角度去原諒。

你有多久沒有自我反省了，快拿起鏡子照一照吧！仔細地看著鏡裡的自己，臉上沾了多少污垢？

等你把自己的臉洗乾淨之後，再來指責別人臉上的污點吧！

鋸掉習慣依靠的「椅背」

麥當勞公司有一段時間出現嚴重虧損。為找出問題，總經理克羅克每天都在公司裡反省，慢慢地，他發現了問題所在。

公司各部門的主管，總是坐在舒適的椅背上指揮部屬，很少站起來說話。於是，克羅克立即找來工匠，將所有經理級以上的座椅靠背全都鋸掉，逼得這些主管們得經常站起來。

當然，這個動作引起反彈的聲浪，他們對克羅克產生不滿，每個人都在背後怒罵他。不過，慢慢地，他們終於體悟出總經理的苦心。因為，在椅背被鋸掉後，人們的惰性也不見了。他們離開椅背，走進基層，開始調查並處理各種疑難雜症。正因為主管層級的帶動，全體員工也積極地工作起來，使公司在極短的時間內轉虧為盈。

因為惰性消失，人們的活力與創造力被激發出來，這是一種良性的循環規律，不僅適用於公司，更是生活中必備的奮鬥精神。

像動畫片《獅子王》的故事，也是富含「鋸掉椅背」的深刻涵意。

獅王辛巴在很小的時候，父王便死於叔父的篡位陰謀。在失去父愛和王位這兩個「椅背」後，辛巴靠著自己的力量，反而獲得超凡的生存能力，最後不僅除掉仇敵，更登上獅王的寶座。

其實，每個人都有一把「椅背」可以倚靠，雖然那也是我們前進的助力，但是，因為自恃美貌、學識、人緣、機遇與祖蔭，很多人反而經常在這些平順中迷失，讓優勢成了弱勢。因為太過安逸的生活，讓人慢慢失去唾手可得的寶座。

別再習慣依賴，如果你伸手向長輩要糖時，他們總是立刻給你的話，其實是在耽誤你，想把你鎖在身邊一輩子，讓你逃不出他們的手掌心。

一個真心期望你成功的長者或智者，只會放手讓我們去嘗試，跌倒時也不會拉你一把，但是會告訴你，如何自己再站起來。

每日三省吾身

一位頗有成就的大企業主管，他的工作可謂日理萬機，但他每天晚上的時間幾乎全部留給自己。

他的一番話道出了自己的時間安排。

第一陪家人吃飯，與他們溝通。

其次，好好休息。

再下來最重要的是，就是把自己關在書房中兩小時，不接任何電話，只用來考慮公司的重大問題，今天的疏漏以及明天最重要的事務，排出輕重緩急來。

孔子教育他的弟子，每日要三省自己。這不僅是道德修練課程，也是工作中必不可少的手段。然而，周圍很多人很忙，但卻沒有作為，多麼悲哀啊！要學會思考，留出時間和空間給自己的大腦。

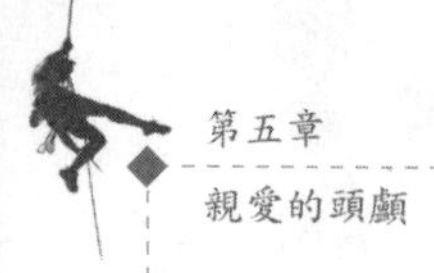

機會一直都在你身邊

有一位印度長者對阿利・哈費特說：「如果你能得到拇指大小的鑽石，就能買下附近所有土地；如果你能找到鑽石礦，那麼就能夠讓你兒子坐上王位了。」

從此，鑽石的價值便深深烙進哈費特的心坎。

那天晚上，哈費特徹夜未眠，第二天一早便跑去找長者，問他到哪裡才能找到鑽石。

長者發現他如此迷失，便更改了建言，希望打消哈費特的念頭。

但是，已經沉入妄想中的哈費特完全聽不進去，死皮賴臉地纏著長者。

最後長者隨口說：「您要去很高很高的山裡，尋找流著白沙的河，只要找到了白沙河，就一定挖得到鑽石。」

於是，哈費特變賣了所有的家產，開始他的尋鑽之路。但是，他找了許久，始終找不到寶藏，最後在西班牙的海邊，投海死了。

幾年後，有人買下哈費特的房子。當新屋主把駱駝帶進後院的小河邊，準備讓駱駝飲水時，發現沙中竟然閃著奇怪的光芒。他立即拿了工具去挖，不久便挖到一塊閃閃發光的石頭。不知道這是什麼的屋主，只覺得這個石塊很漂亮，便將它放在爐架上。

有一天，那位長者來拜訪這戶人家，一進門，就發現爐架上那塊閃閃發光的石頭。長者驚奇道：「這是鑽石啊！是哈費特回來了？」

新屋主說道：「沒有啊！哈費特並沒有回來，這塊石頭是我在後院的小河旁邊發現的。」

長者懷疑地說：「不！你在騙我，當我進來一看，就知道這是顆鑽石，我認得出這是塊真正的鑽石！」

於是，新屋主向長者說明他找到鑽石的地方，兩人便立刻來到小河邊，開始挖掘。幾分鐘後，地下便露出一塊比第一顆更為亮麗的石頭，接著又陸續挖掘出許多的鑽石。

後來，獻給維多利亞女王的那塊鑽石，也是出自這個地方，而且淨重一百克拉。

「捨近求遠」是許多人的通病，所以即使寶藏明顯地露出地面，恐怕也不容易被發現。我們開車不也是如此，只要一不注意，就會和路標擦身而過，迷失方向。

不要看別人成功，就認為那是你惟一的成功道路，每個人都有自己的路要走。只要我們仔細尋找，就會看見指引的路標，重要的是這些路標都不會離你太遠。

一味追逐物質，會喪失自己的價值。

盲目的追逐者不清楚自己想要的是什麼，所以盲目地追逐著不斷成長的目標物，而自己卻始終在原地踏步！

換掉不愛自己的腦袋

有兩個人，一個是體弱多病的富翁，一個是活蹦亂跳、身體健康的窮漢，彼此羨慕著對方的狀況。

富翁宣稱為了得到健康，樂意讓出他的財富；窮漢則為了成為富翁，隨時願意拋棄健康。但是，兩人卻苦無機會交換。

不久之後，一位聞名世界的外科醫生發明了人腦交換的方法，富翁趕緊提議要和窮漢交換腦袋。

如果他們換腦成功，那麼，富翁雖會變得一貧如洗，但他將能夠得到一個健康的身體；窮漢能夠得到富翁原有的財富，成為一個富有的人，但他必須忍受病魔纏身的痛苦。

富翁不怕，因為他自認自己腦袋不變，正所謂「千金散盡還復來」，總有辦法賺得到錢，失去的財富終究會回到手上；而窮漢也不怕，因為他最擅長的就是活動筋骨，再說有了錢就沒了煩惱，正所謂「無債一身輕」，總會心寬體胖的，完全不礙事。

手術成功了。於是，窮漢成為富翁，富翁變成了窮漢。

過沒多久，成了窮漢的富翁由於有了強健的體魄，又有著成功的野心，漸漸地又積起了財富。但他始終因為賺錢

而不知保重身體，又總是擔心這個、擔心那個，一點點小事便大驚小怪，久而久之，什麼毛病都跑出來了，於是他又變成一個有錢卻沒有健康的人了。

那麼，另一位新富翁又怎麼樣呢？他總算有了夢寐以求的金錢，卻也有一個孱弱的身體，但是因為他始終沒學會賺錢的方法，雖然擁有一大筆財富，卻不斷地把錢浪費在無用的投資裡，應了「老鼠不留隔夜食」這句老話，沒多久錢便揮霍殆盡，又變成原來的窮漢。

可是，由於他「胸無大志」，一向無憂無慮，換腦時帶來的疾病竟不知不覺地消失了，他又回復以前那一副健康的身體。

最後，兩個都回到了原點。

在這個故事裡，富翁和窮漢雖然換得了自己所要的身體，但是他們真正該換掉的是腦袋，因為惟一的阻礙就是他們自己。觀念不改，行事也就大同小異，怎麼可能會有不同的結局呢？

希臘哲學家亞里士多德說：「寫一首好詩，是靠天才呢？還是靠藝術？我的看法是：苦學而沒有豐富的天份或有天份而沒有訓練，終歸都無用。兩者應該相互為用，相互結合。」

富翁和窮漢所需要的，是正視自己的缺點，審視自己所擁有的，學習從愛自己開始，放開那些不切實際的想望，因為，正如孟德斯鳩所說：「如果只想快樂，是很容易實現的；但想比別人快樂則難，因我們總以為別人的快樂較我們所有的多。」

不去貪慕別人的好，不去嫌惡自己原有的一切，不苛責、不強求，我們的心才能享受真正的自在。

擔心怎麼走，不如思考怎麼活

據說，英國大文豪約翰生前曾在西敏寺選了一塊墳地，打算作為死後的最後歸宿。但在當時並沒有所謂契約的訂定，所以等到他臨死前，家人才發現那塊墓地早就被人佔據了，只剩下兩個墳墓中間的一小塊間隙，大概可以立著放進一個人。

家裡的人無奈地把這個事實告訴生命垂危的約翰，看看他希望怎麼處理自己的身後事。

約翰不以為意地說：「既然人可以站著生，那麼當然也可以站著死，就讓我站著死去吧！」

於是，他死後，人們就把他站著埋進了地下。

這麼說來，約翰可能是全世界惟一一位死了也屹立不倒的人。

一件小小的插曲，卻可以看出約翰為人厚道、隨遇而安的人生觀。別人佔都佔了，難道要鬧得天翻地覆，非要佔據墓地的墳即刻遷走不可？無論古今中外，要挖墳墓可都不是等閒小事，所以這件事處理起來，一點都不容易。

約翰的做法，既化解了家人的難處，也成全了自己一貫的生活態度：生的價值勝過死後軀殼。

泰戈爾說：「讓生時美如夏花，死時紅如秋葉。」

一個人只有生而榮耀，死時才值得別人哀悼。試問，一個人如果在世的時候為富不仁，或者沒有做過什麼值得人尊敬的事，那麼就算他的身後事辦得轟轟烈烈又如何？有什麼意義呢？

反之，如果一個人在世的時候，曾經認真活過，對得起自己、對得起別人，那麼就算過程儀式再簡單，他也享有生與死的尊嚴。

亞里士多德說：「我之所以和平庸的人不同，是他們活著為了吃飯，而我吃飯是為了活著！」

所以，與其擔心自己怎麼「走」，不如認真地思考怎麼「活」，讓自己活得更好，更有意義、有價值。

生活態度決定生活品質

小鎮上一位頗有錢的五金店老闆，處理財務的方法很簡單，他把支票放在大信封內，把鈔票放在雪茄煙盒裡，把到期的帳單插到票據上。

身為會計師的兒子，學成回到家裡探望父親，見了這種情況，不免搖頭說：「爸爸，我實在搞不清你是怎麼做生意的？你這樣子，根本無法知道自己賺了多少錢。我替你設計一套現代化會計系統好嗎？」

「不必了，孩子，」老頭說，「這一切，我心中有數，我爸爸是個農人，他去世時，我所擁有的東西只有一條工作褲和一雙鞋。後來，我離開農村，跑到城市，辛勤工作存了一些錢，終於開了這家五金店。今天我有三個孩子，你哥哥當了律師，你姐姐當了編輯，你是個會計師，我和你媽媽住在一棟挺不錯的房子裡，還有兩部汽車。我是這家五金店的老闆，而且沒欠人家一分錢。」

老頭停頓了一下接著說：「好了，聽聽我的計算方法吧，把這一切加起來，扣除工作褲和那雙鞋，剩下的都是利潤。」

借錢來理財，已經是現在流行的理財方式，大家著迷於看著自己擁有的數字不斷增加，似乎也因此而滿意。很少人會像這位五金店老闆一樣，將自己的目標看得清清楚楚，為自己的現狀感到滿足，為自己家庭幸福美滿、生活無虞心存感激。

學做人

還記得《小王子》故事中的那名商人嗎？數了五百億個星星，只為了把數字存在銀行裡，花了許多時間與體力忙碌，只為了得到數字。

或許你會笑，哪有人會這麼愚昧，但不可否認的，在這個世界上有更多人本質上和那名商人沒什麼兩樣，看著房價、股票、基金數值上上下下，嘴角弧度也隨著上上下下，卻忘了那也不過是數字罷了，我們手中並沒有真正擁有什麼。

生活的態度，決定了你的生活品質。如果說，金錢對你的重要程度勝過一切，那麼，你必定會為了得到金錢，而犧牲生活中其他對你來說應該也很重要的事物，或許是身體的健康，或許是家人的愛。

在古代，求取功名榮耀，是每一位寒窗苦讀學子的心願，但總是有人與功名無緣，屢試不第，很少人能有柳永毅然決然「忍把浮名，換了淺斟低唱」，另謀出路的決心。試想，如果就這麼一年一年考下去，豈不是無端地蹉跎歲月？難道真的只有金榜題名才叫成就？

如果不能學著知足，我們就會成為慾望的俘虜；愈來愈深的慾望深淵，只會讓我們萬劫不復。我們當然不能沒有志氣，也絕不能逃避生活中的種種挑戰，但應該懂得適可而止、知足常樂，否則我們將不再是為自己而活，也不算真正的活過。

謝謝您購買 機會只會留給勇於冒險的人 這本書！

即日起，詳細填寫本卡各欄，對折免貼郵票寄回，我們每月將抽出一百名回函讀者寄出精美禮物，並享有生日當月購書優惠！

想知道更多更即時的消息，歡迎加入"永續圖書粉絲團"

您也可以利用以下傳真或是掃描圖檔寄回本公司信箱，謝謝。

傳真電話：（02）8647-3660　　信箱：yungjiuh@ms45.hinet.net

☺ 姓名：　　□男　□女　　□單身　□已婚

☺ 生日：　　□非會員　　□已是會員

☺ E-Mail：　　電話：（　）

☺ 地址：

☺ 學歷：□高中及以下　□專科或大學　□研究所以上　□其他

☺ 職業：□學生　□資訊　□製造　□行銷　□服務　□金融

□傳播　□公教　□軍警　□自由　□家管　□其他

☺ 您購買此書的原因：□書名　□作者　□內容　□封面　□其他

☺ 您購買此書地點：　　金額：

☺ 建議改進：□內容　□封面　□版面設計　□其他

您的建議：

廣告回信
基隆郵局登記證
基隆廣字第57號

新北市汐止區大同路三段一九四號九樓之一

大拓文化事業有限公司收

請沿此虛線對折免貼郵票，以膠帶黏貼後寄回，謝謝！